GUSTAVO G. POLITIS

MUNDO de los NUKAK

amazonia colombiana

Fondo de Promoción de la Cultura

AGRADECIMIENTOS

Muchas personas e instituciones, confiaron en mi trabajo y me prestaron una ayuda invaluable a lo largo de estos años de investigación entre los Nukak.

Duarante los trabajos de campo tuve la suerte de que
Julián Rodríguez y Gustavo Martínez, al ternativamente,
estuvieran conmigo. Siempre fueron excelentes compa-
ñeros y mejores colaboradores. Tanto en el terreno, como
en el gabinete, sus inquietudes, ideas y sugerencias, cons-
tituyeron un aporte invaluable. Con Gerardo Ardila ima-
ginamos y diseñamos este proyecto y sus gestiones fueron importantes en todas las etapas del trabajo.

Ayudas varias, alientos y sugerencias llegaron de varios
amigos y colegas, colombianos y argentinos: Hector
Mondragon, Alicia Eugenia Silva, Ivan Yunis, Blanca
Diaz, Juan Manuel Alegre, Ariel Uribe y Ramiro Sarandón.
Dos de ellos merecen destacarse, Darío Fajardo, director
del Instituto Amazónico de Investigaciones Científicas
SINCHI y Luis Azcárate ex-director de la Dirección de
Asuntos Indígenas, no sólo por la colaboración desde sus
respectivas instituciones, sino también por que en ambos encontré siempre comprensión, apoyo y sobre todo
soluciones.

Los trabajos de campo fueron financiados por dos subsi-
dios de la Wenner-Gren for Antropological Research y
recibieron también el apoyo de la Corporación Araracua-
ra, del Fondo de Promoción de la Cultura y de la Universidad Nacional de Colombia, sede Bogotá. También cola-
boraron de diferente manera las siguientes instituciones:
Instituto Colombiano de Antropología (ICAN), Organización Nacional de Indígenas de Colombia (ONIC) y Unión
de Indígenas del Guaviare y Meta (UNIGUME).

Los misioneros de Nuevas Tribus, Kenneth Conduff y
Andrés Jimenez, compartieron desinteresadamente conmigo sus profundos conocimientos sobre los Nukak. Parte de los trabajos de campo fueron posibles gracias a ge-
nerosas licencias otorgadas por la Universidad Nacional
del Centro de la Provincia de Buenos Aires (Argentina);
sus autoridades, en esos momentos el rector Juan Carlos
Pugliese (h) y el vicerrector Carlos Nicolini, fueron más
que comprensivos y permitieron que escapara en varias
oportunidades de mis obligaciones académicas.

Durante las temporadas de 1992 y 1994, Javier Cruz fue
nuestro guía y amigo. Su pericia en la selva y su buen
ánimo fueron fundamentales para el desarrollo exitoso
del trabajo. En las orillas del río Guaviare, varios colonos
nos brindaron ayuda y amistad: Jaime y Rosa Ortiz y su
familia, "Makumba", Gonzalo "El Paisa", "Huevillo" y su
familia, "King-Kong" y su mujer, Abel, Saúl, "Conejo" y
su mujer y muchos otros.

Finalmente, mis amigos Nukak pérmitieron que me
entrometiera en su vida varias veces en los últimos años.
Siempre me ayudaron generosamente y tuvieron una pa-
ciencia infinita conmigo, con mi torpeza en la selva.

A todas estas personas e instituciones y sobre todo a Ca-
rolina, les quiero agradecer sinceramente por la ayuda y
el apoyo que me dieron en todo momento.

NUKAK: LOS HOMBRES DE LA SELVA

A partir de comienzos de este siglo, las caucherías sometieron a los Nükák a condiciones de existencia que entrañaron su paulatina destrucción parcial. Ese proceso de destrucción física se aceleró porque a miles de campesinos sin tierra se les negó una verdadera Reforma Agraria y desde hace treinta años se fomentó la colonización del Guaviare. Hoy, a pesar de todo, cientos de Nükák resisten, defendiendo su cultura, su selva, su territorio, su vida.

Para mantenerse y además volver a crecer como pueblo, los Nükák necesitan, en primer lugar, que la sociedad dominante y especialmente el Estado, los reconozca como propietarios de todo el territorio que aun poseen. Hasta el momento, menos de la mitad de sus bosques han incluido dentro del Resguardo titulado por el Incora y al norte y occidente de éste, las selvas siguen siendo destruidas por la colonización. Es necesario que se cumpla plenamente el artículo 14 del Convenio 169 de la OIT en este caso. De lo contrario, varios de los grupos Nükák seguirían viendo reducirse los recursos que les permiten vivir como ellos han escogido, en la forma que podemos ver en este libro.

Muchos creían que los Nükák y los demás indígenas macús no eran sedentarios porque no sabían cultivar. Pero no es así, pues los Nükák tienen huertos y los adaptan a su forma de vida, en lugar de adaptar su forma de vida a la agricultura. Ellos viven así porque lo han elegido como cultura y como pueblo, porque esta forma de vida los ha hecho dignos por mucho tiempo y les ha garantizado una subsistencia humana.

Si hoy los Nükák están en peligro de ser exterminados, es por la destrucción de los bosques y porque la colonización les ha traído una avalancha de epidemias de gripa, hepatitis, paludismo cerebral, sarampión y demás males contagiosos que una población muy móvil de colonos trae y lleva. Los Nükák necesitan ser apoyados en la selva para combatir los microbios que la sociedad dominante les ha llevado y además quieren que planes de salud previamente consultados con ellos y acordes con sus prácticas culturales y medicina tradicional, reviertan la tendencia decreciente de la población, disminuyendo la mortalidad. Cada niño Nükák que se salva, cada joven, cada mujer, es aumentar la esperanza de este pueblo de defender su vida y su cultura. Cada anciano Nükák que prolonga su vida es una garantía de que los jóvenes y niños de su pueblo tendrán una formación acorde con su cultura, pues si se siguen acabando los ancianos, no habrá quien trasmita la sabiduría.

Los Nükák temen mucho más que a su muerte individual, a la muerte de su pueblo y advierten además, que si mueren todos los Nükák habrá un cataclismo en el Guaviare, una gran inundación y muchas enfermedades incurables nos matarán a nosotros y a nuestros hijos. Ellos saben que pueden salvar a su pueblo, pero como hombres de la selva que son, autónomos en sus grupos "descentralizados". Los Nükák no pueden ser tratados como especie en vía de extinción, sino como pueblo que decide por sí mismo su futuro, sin ser encerrado en un gueto al que sólo entran las enfermedades sino sobre la garantía del respeto por su tierra y la defensa de su salud y su vida.

Los ancianos y los líderes de cada grupo Nükák son las "autoridades tradicionales" propias de este pueblo y son por tanto, de acuerdo con la Constitución Nacional y las leyes, autoridades también de la República de Colombia, a quienes se debe consultar cualquier medida que afecte a su pueblo. Colombia sabe ahora, que la diversidad es una gran riqueza.

Soy optimista: los Nükák serán escuchados y permanecerán. Los Nükák pueden mantener su cultura, su propia forma de vivir, elegida por ellos y cuando así lo quieran -como hacen con los anzuelos metálicos- pueden adaptar según su criterio, elementos tecnológicos occidentales a su cultura. Hace mucho adaptaron los huertos que siembran a su forma de vivir. Por la lengua de los Nükák se ha podido establecer que ellos no fueron un pueblo aislado, sino que mantuvo intercambios con los cubeos, puinaves, jupdas y pueblos de lenguas arawak, guahibo y tucano. Estos contactos no debilitaron la cultural Nükák, que sólo se aisló ante la necesidad de esconderse de los caucheros, cuya política de esclavitud y exterminio está retratada en "La Vorágine" de José Eustacio Rivera.

Las labores de las organizaciones y líderes indígenas, de los científicos investigadores como Gustavo Politis, de cineastas, de publicaciones como ésta, del Estado, de cada ciudadano, de los propios campesinos de cuya actitud solidaria con los Nükák se saben testimonios en Calamar, Mucuare, Barranco Colorado y otros lugares del Guaviare, pueden ser un apoyo eficaz a la resistencia que cotidianamente mantiene cada grupo territorial Nükák, para que los hombres de la selva sigan siendo su voluntad.

Gabriel Muyuy Jacanamejoy
Senador indígena

Santafé de Bogotá, septiembre de 1995

NUKAK, ARQUEOLOGIA DEL PRESENTE

Las esporádicas salidas de algunas bandas Nukák a las avanzadas de la colonización en el Guaviare desde finales de los años ochenta, colocaron muchas evidencias inquietantes ante profanos e iniciados. Ante los primeros encarnaban formas de vida extrañas e incomprensibles, frente a los cuales se adoptaron actitudes ambiguas (protegerlos, secuestrarles niños, castigarlos por la toma de algunos productos de las fincas de los colonos). Para los segundos estos grupos entrañaban modalidades de organización social y formas de manejo de la naturaleza hasta ahora solamente conocidas por la información recogida de los escasos representantes de cazadores-recolectores actuales y de rastros indirectos, obtenidos a partir de la arqueología. Más allá de todas estas consideraciones, también hizo presencia la solidaridad de algunos colonos, bajo la forma de propuestas y acciones de convivencia frente a un grupo humano cuya mera existencia entraba en pleno riesgo por la destrucción de su hábitat.

Casi al tiempo con estas primeras salidas de las bandas Nukák, inquietos por las avanzadas de las colonizaciones y también aterrorizados por sus primeros contactos con grupos armados, algunos investigadores iniciaron trabajos exploratorios sobre la lengua y demás manifestaciones de su cultura. Unos de los pioneros de estas labores de indagación ha sido Gustavo Politis, arqueólogo argentino, fogueado ya en la temática de las primeras manifestaciones humanas del sur de nuestro continente y uno de los autores más prolíficos hasta ahora, en las investigaciones sobre la cultura Nukák; al recorrer sus trabajos aparecen en ellos la arquitectura, la subsistencia, las técnicas de recolección, sus períodos y localizaciones, el procesamiento de las piezas de caza, la movilidad estacional y la territorialidad, la estructura social y las relaciones con los colonos.

Como lo advierte Politis, no prodría esperarse que los comportamientos de los cada vez más escasos cazadores y recolectores de hoy fueran una réplica exacta de los de las bandas de hace algunos milenios, en virtud de los cambios históricos de toda sociedad. Sin embargo, las expresiones culturales contemporáneas de los Nukák ofrecen elementos para comprender sociedades de organización similar en la América temprana.

La importancia de estos trabajos trasciende, sin embargo, el campo científico. En el panorama político colombiano de hoy, el tema de los territorios indígenas ha adquirido una trascendencia especial y la supervivencia de los Nukák está directamente ligada, como en el caso de cualquier sociedad, a la definición de su territorio. Así, ante el Estado colombiano y ante las comunidades indígenas y colonos colindantes, la identificación de las fuentes de subsistencia y de representación de los Nukák constituye la base incuestionable del reconocimiento de su territorio. Difícil sería negar el valor, ya no solamente científico, sino puramente humano, del testimonio visual que hoy entrega Gustavo Politis en esta publicación.

Darío Fajardo Montaña
Director Instituto Amazónico de Investigaciones Científicas, SINCHI

Santafé de Bogotá, septiembre de 1995

A MANERA DE PROLOGO

Los Nukak son el último grupo indígena de la Amazonía y de Colombia que ha entrado en contacto con la sociedad occidental. Su vida hasta hace pocos años se desarrollaba en una forma tradicional y sus costumbres mantenían aún la estructura básica que caracteriza a las sociedades cazadoras-recolectoras-pescadoras nómades. Hoy, esta forma de vida se está desvaneciendo debido a que el contacto reciente con el mundo industrializado ha desencadenado un intenso proceso de cambio. En las fotos de este libro he pretendido capturar la esencia de los Nukak y rescatar en imágenes esta forma de vida que, desafortunadamente, parece desaparacer. He querido, ambiciosamente, recrear las escenas de un mundo que se va.

Seguramente los Nukak seguirán existiendo por mucho tiempo, pero su vida ya no será la misma. Durante generaciones fueron dueños de sus destinos. Dentro de la selva, sin habitar la rivera de los grandes ríos ocupadas ya por otros indígenas horticultores y pescadores, vivieron manteniendo intercambios con sus vecinos Puinaves, Kurripacos, Guayaberos, Piapocos, Cubeos etc. Sus medios de subsistencia se basaban casi exclusivamente en la caza, la pesca en los rebalses y arroyos, la recolección de vegetales silvestres, de insectos y de miel, y una horticultura a pequeña escala. En la década del 70 el auge de la colonización en la región los fue encerrando dentro de su territorio, que día a día se comprimía. En ese tiempo se instaló una misión de Nuevas Tribus, conocida como Laguna Pavón, en el norte del territorio nukak y, años más tarde, a mediados de la década del 80, esta misión se trasladó hacia pleno centro del territorio y fue llamada Laguna Pavón 2. Tiempo después, en 1988, una banda de algo más de 40 personas apareció por el pueblo de Calamar, en el Departamento del Guaviare, convirtiéndose en motivo periodístico y a los Nukak en improvisados actores de televisión. Desde entonces, distintas bandas Nukak se han ido relacionando con los colonos, han visitado las veredas de la frontera de colonización, y progresivamente han comenzado a modificar sus patrones de vida tradicional. Hoy, algunos Nukak, especialmente los que viven en el sector occidental, se están asentando casi permanentemente cerca de las avanzadas de colonización y han comenzado a depender del trabajo y los productos de los campesinos. Ya han perdido parte de sus hábitos y progresivamente se están incorporando al sistema de mercado. Otros Nukak cuyos territorios están más alejados, hacia el oriente y hacia el sur, aún mantienen una forma de vida tradicional.

Los fotos de este libro han sido tomadas en las selvas del Guaviare entre 1990 y 1994, dentro del marco de un proyecto de investigaciones etnoarqueológicas entre los Nukak. Este proyecto lo diseñamos con Gerardo Ardila en 1989 y lo comenzamos al año siguiente. Durante estos trabajos de campo me acompañaron Julian Rodríguez y Gustavo Martínez, gracias a quienes he podido obtener este conjunto de imágenes. Mi cámara estaba cargada casi siempre con diapositivas color de 200 y 400 asa, mientras que las de ellos, tenían usualmente film papel color o blanco y negro. Las fotos que se publican en este libro han sido seleccionadas entre las que tomé con diapositivas.

Para esta compilación de imágenes he preferido elegir aquellas escenas que muestran aspectos tradicionales de la vida nukak y he querido registrar los gestos y las actitudes que durante generaciones los han caracterizado. Intenté captar sus emociones y ternuras, sus sorpresas y rutinas, sus inquietudes y alegrías. El mundo Nukak está pleno de sensaciones que inundan la lente de la cámara y tornan a la fotografía en una técnica insuficiente para captar tanta intensidad y tantas dimensiones. De todas maneras, quise intentarlo y testimoniar con imágenes la riqueza cultural de estos nómades de la selva amazónica. Quise mostrar cómo viven los Nukak en la plenitud de su mundo y tributarles a ellos estas imágenes para que si algún día esta forma de vida se pierde, quizás estas fotografías puedan servir para que los más jóvenes recobren la memoria de sus antepasados.

Hoy, algunos Nukak viven en una forma bastante diferente a la que reflejan estas escenas: trabajan en las fincas de colonos, usan ropa, botas y comen fideos y arroz. Esta es el inicio de una historia bien conocida entre los indígenas de la Amazonía y de toda América: la sociedad occidental los arrincona, los comprime, los transforma, les crea necesidades y dependencias, y luego los incorpora a un sistema ajeno que les tiene reservada una posición marginal y un nicho de pobreza. ¿Podrán los Nukak sobrevivir a nuestra sociedad? ¿Podrán desde lo profundo de las selvas del Guaviare seguir siendo Nukak y decidir sobre sus vidas y sus destinos?

Buenos Aires, abril de 1995

LOS NUKAK

Los Nukak son indígenas de filiación Makú, que habitan la Amazonía colombiana, en el interfluvio de los ríos Guaviare e Inírida. La trocha de colonización occidental que une San José del Guaviare con Calamar y el Cerro de la Cerbatana y el caño Caparroal, limitan el territorio al occidente y al oriente respectivamente (mapa). Algunos investigadores sostienen que hasta hace pocos años atrás el territorio nukak era mucho más extenso, que por el sur llegaba hasta el río Papunaua y el caño Aceite, mientras que por el occidente alcanzaba las cabeceras de los ríos Inilla, Utilla y Ajajú (ver Torres, 1994, y Mondragón, ms.). Sin embargo todas las investigaciones se han concentrado en el área comprendida entre los ríos Guaviare e Inírida, y parece que actualmente no viven bandas Nukak al sur de esta área.

El territorio que ocupan hoy los Nukak se caracteriza por tener un clima tropical, de bosque lluvioso, con un corto período seco. En esta zona, las precipitaciones anuales fluctúan entre 2500 y 3000 mm. La pluviosidad está atemperada por la existencia de un período seco, que sumado a una temperatura media relativamente alta (25º a 27º) tiene efectos notorios sobre la estructura de la selva (Domínguez, 1985). La mayor parte del año hay abundantes precipitaciones, formando una estación lluviosa o invierno entre abril y noviembre y cuyo apogeo se da entre junio y agosto (con una media mensual de aproximadamente 400 mm). El período seco, o verano, tiene su pico en enero y febrero cuando disminuye en forma notable el volumen pluviométrico (entre 50 y 60 mm mensuales).

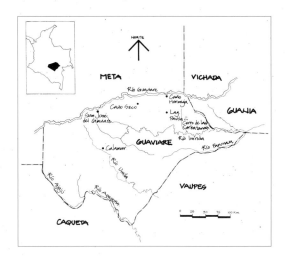

Desde el punto de vista lingüístico, los Nukak pertenecen a la familia Makú-Puinave (Mondragón ms, Reina ms. y 1991). En términos genéricos han sido encuadrados dentro de los Makú, un heterogéneo grupo que incluye varias comunidades cazadoras recolectoras interfluviales del noroeste amazónico (Metraux, 1948). Entre éstos, los Jupdu-Makú y los Bara-Makú (Silverwood-Cope, 1972; Reid, 1979) parecen ser las etnias más relacionadas con los Nukak. A diferencia de otros Makú, que se sedentarizaron alrededor de las chagras hace algunas décadas atrás, los Nukak mantenían hasta hace muy poco tiempo un modo de vida tradicional. Obviamente, habían tenido relaciones directas e indirectas con grupos indígenas rivereños (Puinaves, Kurripacos, Guayaberos, Tukanos, etc.) y con los colonos, pero estos contactos no habían modificado sustancialmente la forma de vida nukak. Hasta fines de la década del 80 eran prácticamente desconocidos para los antropólogos y solamente Gerardo Reichel-Dolmatoff en 1967 había hecho una breve referencia sobre grupos Makú en el interfluvio Guaviare-Inírida. Con respecto a los colonos que llegaron al Guaviare durante los 70, los Nukak se mostraban esquivos y escapaban selva adentro a medida que la tala del bosque avanzaba. En algunos lugares defendieron su territorio como pudieron y esto dio origen a situaciones violentas. Varias historias locales relatan matanzas de Nukak, robo de niños y rapto de mujeres (Mondragón ms.). La violencia acompañó a la colonización de aquellos tiempos y hubo poco espacio para la comprensión y el diálogo.

Cuando en 1988 unos 43 Nukak aparecieron en Calamar, los colonos quedaron sorprendidos. Un grupo formado por mujeres, jóvenes y niños sin ropas, casi sin ningún elemento de nuestra sociedad y sin hablar una palabra de castellano había llegado al pueblo en su camino hacia un territorio ancestral con rumbo a los ríos Unilla e Itilla. Fue sólo cuando llegó Michael Conduff, un misionero de Nuevas Tribus, que se pudo saber acerca de este grupo que se ha llamado a sí mismo Nukak y que hablaba una lengua cercanamente emparentada con la de los Bará-Makú (Kakwa). Algunos integrantes de la banda siguieron hacia el oeste, entre los ríos Inilla y Utilla y luego, fueron trasladados en avión a Mitú. Posteriormente, desde allí, reingresados a la selva desde la Misión Nuevas Tribus Luis Azcarate, en un informe inédito, ha resumido el derrotero de esta primera banda en su incursión hacia la zona colonizada y su trajinado regreso a la selva. Margarita Chaves y Leslie Wirpsa, (1988) y Carlos Zambrano (1992 - 1994) han publicado las crónicas de este «primer encuentro».

A raíz del contacto con Conduff, los antropólogos supieron que los misioneros de Nuevas Tribus habían instalado una misión llamada Laguna Pavón en la margen derecha del río Guaviare en 1975 y que luego, a principios de la década del 80, la habían trasladado hacia adentro del territorio Nukak. Esta nueva misión se llamó Laguna Pavón 2 y desde allí los misioneros comenzaron un contacto más fluido y constante con los Nukak quienes llegan regularmente a la misión en busca de atención médica y para intercambiar algunas de sus artesanías por ollas, machetes y fósfo-

ros. Generalmente se quedan sólo unos pocos días, hasta que se curan y luego se van. En los tiempos en que los Nukak llegaron a Calamar, los misioneros estimaban la población total de esta etnia entre 700 y 1000 personas, de las cuales 350 habían tenido contacto directo con ellos. Varios informes presentados por los misioneros al Ministerio de Gobierno, la mayoría de ellos escritos por el mismo Conduff y por Israel Gualteros, testimonian la abundante información recogida, basándose en un conocimiento fluido de la lengua y en un contacto diario con diferentes bandas.

Poco tiempo después de la aparición de los Nukak en Calamar, comenzaron varios estudios lingüísticos y antropológicos. Más tarde se iniciaron también trabajos en el campo de la medicina y la demografía. Este conjunto de investigaciones ha permitido comenzar a entender las características de esta cultura, su estado de salud y su relación con los colonos y los misioneros. También se ha podido construir un cuerpo de datos que está sirviendo de base para el diseño de las políticas de protección de esta etnia, especialmente en sus aspectos territoriales y sanitarios. Datos demográficos actuales indican que la población Nukak fluctúa entre solamente 400 a 500 individuos (Yunis y Rueda ms.)

Mis propias investigaciones se iniciaron en 1990, cuando realicé una visita exploratoria de dos semanas al Guaviare y tomé contacto con una banda de 16 individuos que había salido de la selva y recorría la trocha que une San José con Calamar. Este grupo ocupó por unos días un rancho abandonado en el paraje La Leona y desde allí salía diariamente a conseguir comida y ropa de los colonos. Algunos jóvenes, sin embargo, cazaban, recogían frutos y pescaban en los remanentes de selva que aún quedan en las orillas de los arroyos. En aquella oportunidad, cuatro miembros de esta banda regresaron por la Trocha Ganadera y se internaron en la selva por el lado de Caño Seco. Desde allí se unieron a una banda más grande, de 25 individuos, la que pude visitar brevemente mientras se encontraba en un campamento a unos 3,5 km al este de Caño Seco. Al año siguiente realicé nuevos trabajos de campo, como parte de un proyecto etnoarqueológico que iniciamos con el profesor Gerardo Ardila de la Universidad Nacional. En esta nueva fase de la investigación me acompañó el Lic. Gustavo Martínez con quien pasamos un mes entre dos bandas Nukak noroccidentales. Una de ellas salía regularmente a Caño Seco y La Charrasquera mientras que la otra llegaba frecuentemente a Barranco Colorado y Caño Cumare (ver Ardila, 1992, Politis y Rodríguez, 1994). El tercer trabajo de campo lo realizamos en 1992, durante 30 días, con Julián Rodríguez, entre una banda que se encontraba al sur de Caño Hormiga, en el nororiente del territorio Nukak. Estas tres temporadas fueron realizadas durante la estación lluviosa. La cuarta temporada de campo, también en compañía de Julián, la llevamos a cabo entre la banda que sale a Caño Hormiga, pero esta vez en plena estación seca, durante enero y febrero de 1994. En esta última temporada nos acompañó Monicaro, un joven Nukak de unos 15 o 16 años, quien gracias a su dominio del caste-

llano aportó interesantes datos y nos permitió interpretar mejor las observaciones realizadas en años anteriores.

Caracterizar la cultura Nukak es muy difícil ya que la aceleración del proceso de transformación en el que han entrado ha generado una suerte de varias "culturas Nukak", de existencia simultánea pero de componentes diversos. Hoy día algunas bandas ya se han incorporado al modo de vida colono: ayudan a cosechar hojas de coca, cobran en billete y compran herramientas y ropa. Se divierten tomando cerveza o gaseosa en una tienda y escuchando vallenatos, mientras que los niños ya piden una pelota para jugar al fútbol en la tórridas tardes de Guanapalo. Las bandas occidentales son las más afectadas con esta transformación, ya que por la Trocha Central y la Trocha Ganadera es por donde penetra, por vía terrestre, la colonización. Las bandas que viven en el oriente parecen ser las menos transformadas y aún conservan sus patrones de vida tradicionales. Es la forma de vida de estas bandas la que intentaré sintetizar en los párrafos siguientes.

Uno de los componentes sobresalientes de la cultura Nukak es su nomadismo, que se expresa en una altísima movilidad residencial. Esto significa que cambian el campamento con mucha frecuencia, trasladándose a un nuevo sitio y construyendo allí otro campamento. En la estación lluviosa el promedio de estos cambios es de uno cada cinco o seis días, mientras que en la estación seca la mudanza es aún más intensa, con un promedio de una cada tres días. Los Nukak pueden permanecer una noche en un campamento y abandonarlo intacto al día siguiente o estar hasta 20 días en el mismo sitio. Algunos autores (i.e. Cabrera et al., 1994) mencionan estadías de hasta 30 días, aunque esto seguramente está influenciado por la sedentarización producida por la atracción de la colonización. La distancia entre un campamento abandonado y el nuevo campamento varía entre 0,9 y 18,1 kms, con un promedio de 4.5 kms. Cada traslado implica recoger la mayoría de las pertenencias (chinchorros, ollas, machetes, vasijas, etc.) y transportarlas hacia el nuevo lugar elegido. Generalmente las mujeres acarrean lo más pesado, mientras que los hombres con una carga más liviana (sólo cerbatanas, lanzas y algún hacha o machete) se encargan de ir cazando y recogiendo frutos y miel por el camino. Los desplazamientos se realizan por sendas ya conocidas y hacia lugares prefijados. Una compleja planificación en el uso del espacio y de sus recursos parece preceder a cada decisión de mudanza.

Como las bandas son en general pequeñas, cada campamento está formado por 2 a 6 viviendas. Una vez que la banda arriba al lugar elegido, los hombres encaran la tarea de construir el nuevo campamento. Primero limpian el área y cortan algunos troncos pequeños. Luego se arma un sistema de postes y travesaños, utilizando de anclaje los árboles que no han sido cortados. A partir de esta estructura se comienzan a colgar los chinchorros, siendo la pareja de mayor importancia dentro de la banda, la que cuelga primero y de alguna manera define el diseño de la planta del campamento. Durante la estación lluviosa se construye un techo apoyando hileras de hojas de platanillo y eventualmente de seje, sobre el travesaño principal de cada unidad familiar. De esta manera se genera un área seca, debajo de la cual además de los chinchorros se ubica un fogón. Cada familia tiene una unidad de vivienda, con un «frente» abierto hacia el espacio central que queda entre estas unidades. Este espacio central es usado para tareas diversas, juegos infantiles y, en ciertas ocasiones, para rituales intra e inter banda. Durante la estación seca las viviendas no tienen techo y la forma del campamento es distinta; básicamente no se construyen alrededor de un espacio central, sino que se disponen una al lado de la otra.

Desde el punto de vista económico, la gran movilidad de los Nukak respondería a dos causas principales. Por un lado, surge como una necesidad para no sobre-explotar las áreas que rodean los campamentos. Por otro, es consecuencia de una sofisticada estrategia en el manejo y la utilización de los recursos selváticos. En otras palabras esto significa estar allí donde en alguna época del año hay gran productividad de algunos alimentos, tales como frutos de palma, miel o pescado, utilizarlos apropiadamente y luego trasladarse a otro sitio. De esta manera los Nukak conceptualizan al ambiente como un gran productor de recursos, donde todo lo necesario para la subsistencia se puede obtener si se sabe cómo, dónde y cuándo buscar. Desde otros puntos de vista la movilidad debe ser entendida como una actividad necesaria para promover encuentros entre las bandas y, de esta manera, intercambiar información, buscar pareja y llevar a cabo rituales conjuntos. La mudanza de campamento surge también como consecuencia de una conducta sanitaria ya que, luego de varios días de ocupados, los campamentos y sus áreas circundantes se comienzan a llenar de basura y pestilencia. Finalmente, la muerte de algún miembro de la banda causa el abandono del campamento.

Mediante estos circuitos de movilidad, las bandas Nukak van definiendo un territorio, aquel que desde muchas generaciones atrás han conocido y ocupado. Cada banda o grupo co-residente, explota preferentemente un territorio de unos pocos centenares de kms2. Dentro de él se desarrolla la mayor parte de su vida. Obviamente la composición de las bandas no es fija, ya que se producen reagrupamientos, traslados de gente de una banda a otra y formación de parejas. Sin embargo, es frecuente que varias familias vivan juntas basándose en estrechos lazos de parentesco durante varios años.

La reubicación de gente entre las bandas depende de reglas de parentesco, que regulan el intercambio o la reubicación de algunos miembros. En general las parejas son monógamas, aunque hay algunos hombres con dos mujeres (aproximadamente 1 cada 5). La tendencia o la regla social parece ser que los hombres se vayan a vivir junto a la banda de su esposa y que demuestren su competencia para proveer alimentos al grupo. Esta

es una situación que no siempre se cumple y el impacto de la coloniza-
ción en el oeste parece haber alterado este patrón.

Las bandas pertenecen a grupos de afiliación mayor que comparten un
territorio y dentro de los cuales se producen frecuentemente (aunque no
exclusivamente) reorganizaciones, formación de parejas, visitas y ritua-
les conjuntos. El área de estos grupos de filiación mayor, a los cuales se
adscriben los miembros de las bandas, tienen nombre determinados que
hacen referencia a su ubicación dentro del territorio y se connotan con el
sub fijo munu *que indica algo así como "gente de". Los más conocidos*
son wayari *(nororiente),* Tákayu *(centro),* Múahbeh *(suroriente) y* Meu *(oc-*
cidente). Mondragón (ms.) identificó seis grupos de afiliación y los llamó
"grupos territoriales regionales endógamos" y recientemente ha identifi-
cado la existencia de linajes por filiación paterna (nüwayi) *notando que*
en una misma banda o grupo territorial hay gentes de diferentes linajes.
Cabrera et al. *(1994:295) han propuesto también que los Nukak tienen*
grupos de descendencia patrilineal, es decir que cada persona está ads-
crita permanente y únicamente al grupo de descendencia de su padre.
Cada uno de los grupos tiene su propia denominación y estos autores los
consideran como clanes. Proponen, además, que cada clan a su vez esta-
ría asociado a un territorio determinado.

Más allá del territorio de explotación habitual y del de su grupo mayor de
afiliación, los Nukak viajan a regiones distantes. Grupos de 4 o 5 hombres
van periódicamente hacia el oriente del territorio hasta un lugar conoci-
do como el Cerro de las Cerbatanas, donde consiguen cañas largas y livia-
nas (u-baká) *para confeccionar estas armas. En estos viajes, se traen va-*
rias cañas para ellos y para algunos parientes que luego son usadas a lo
largo del año. En otros casos, situaciones de tensión social entre las ban-
das pueden provocar el desplazamiento de algunos individuos o familias
fuera del territorio de su grupo de afiliación. Actualmente, la avanzada
de la colonización ha llevado a reacomodamientos territoriales y ha ge-
nerado nuevos polos de atracción. La nueva forma de interacción con los
colonos que se dio a fines de los años 80, y que derivó en las primeras
epidemias de gripa, fue también una de las causas de que la banda que
llegó a Calamar en 1988, se dirigiera hacia el Oeste en busca de los Kakwa
(Conduff com. pers.)

La subsistencia de los Nukak se basa en la caza, la recolección de espe-
cies silvestres y de otros productos animales tales como la miel, los hue-
vos de tortuga y mojojoy (larvas de insectos que se hallan en el tronco de
las palmas). También pescan y practican una horticultura a pequeña es-
cala. Por último y en forma progresiva, están obteniendo alimentos de los
colonos.

Entre los animales, los primates ocupan el primer lugar en las preferen-
cias de caza. Durante nuestros trabajos de campo los Nukak cazaban mo-

nos dos de cada tres días, y en muchos casos tres o cuatro presas. Esto implicaba que casi diariamente había varios kilos de carne de estos animales para consumir en el campamento. Los monos son cazados exclusivamente por los hombres, adultos y jovenes, mediante el uso de cerbatanas con dardos envenenados con curare. Las partidas de caza varían entre una y cuatro personas, cada una de ellas provista con sus cerbatanas y dardos, que se desplazan por sendas ya conocidas en busca de las presas. Las especies mas cazadas son: araguato (_Alouatta sp._), maicero (_Cebus apella_), churuco (_Lagothrix lagotricha_), okay (_Callicebus torquatus_) y diablito (_Saguinus negricollis_). Una vez cazadas, las presas son transportadas al campamento donde entran al dominio femenino: las mujeres son las encargadas de despostarlas, prepararlas y cocinarlas. Desde cada fogón, luego se distribuyen entre las familias del campamento, reteniendo la familia del cazador la cabeza del mono. El reparto de las presas, así como de los otros alimentos, muestran claramente los estrechos lazos de solidaridad que caracterizan a la sociedad Nukak.

Otros animales cazados son los pecaríes (zainos y cafuches), especialmente el pecarí labiado (_Tayassu pecarí_). La presencia de piaras de pecarí labiado es ocasional e impredecible y, por lo tanto, cuando esto ocurre todos los cazadores de banda participan de una cacería comunal. El arma utilizada es una lanza de madera de unos 2 m de largo, cuyas dos puntas cónicas han sido pacientemente endurecidas al fuego. En estos episodios de caza de pecarí labiado es frecuente que se obtengan tres o cuatro animales, los que luego son asados y ahumados en un gran fogón en los alrededores del campamento. Este pecarí es un tabú alimenticio para las mujeres, a las que la sola idea de comer u oler carne de este animal les causa notable desagrado. Por el contrario, los hombres ingieren carne de pecarí en abundancia durante dos o tres días después de la cacería.

Las tortugas terrestres (_Testudo sp._) son frecuentemente consumidas por los Nukak y cada cuatro o cinco días se captura por lo menos una. Una variedad de aves, entre las que encuentran las pavas, pangüiles, gallinetas y patos, complementan la dieta. Durante nuestra estadía se cazaron ocasionalmente otros animales tales como agutí o chaqueto (_Dasyprocta sp._), caimán o babilla (_Caiman sclerops_) y armadillo o cachicamo (_Dasypus novemcinctus_). Otros investigadores (Cabrera _et al._, 1994 y Mondragón ms.) mencionan que los Nukak cazan también pecarí de collar o zaino (_Tayassu tajacu_), zarigüeya (_Didelphis marsupialis_), lapa (_Agouti paca_) y guache (_Nasua nasua_).

En esta larga lista de animales faltan dos de los más grandes herbívoros de la Amazonía, el venado (_Mazama sp_) y la danta (_Tapirus terrestris_). El consumo de ambos animales, junto con el tigre (_Panthera onca_) están prohibidos y constituyen un fuerte tabú alimenticio. El tabú de estas especies es frecuente en otros grupos indígenas del Amazonas (ver por ejemplo Descola 1994) y está en estrecha vinculación con su cosmovisión. Para los Nukak, estos animales son los espíritus de los muertos que han ido al *"mundo de abajo". Estos usan las pieles de las dantas, venados y jaguares para salir de noche al bosque y buscar comida. Monicaro, refiriéndose a ellos, dijo "son como gente". Además de éstos mamíferos, algunos peces y aves son también tabú para determinadas personas (enfermos) o sólo durante períodos especiales (por ejemplo la menstruación). Los Nukak creen que a las mujeres les hace daño comer carne de pecarí y de caimán y que las enflaquece la carne de pato. Otro animal que no consume ningún Nukak es el perezoso o perico ligero (Bradypus) y algunos patos, aunque no está claro el motivo de tales prohibiciones. Finalmente, los misioneros señalan que la lapa también es tabú, aunque, como se ha señalado, Cabrera <u>et al.</u> registraron recientemente su consumo.*

Notablemente, los animales que son tabú para todos los Nukak son especies nocturnas. Esto no se explicaría por una dificultad para cazar de noche, ya que otros grupos amazónicos han desarrollado técnicas y estrategias muy eficientes para la caza nocturna, y que los mismos Nukak cazan un mono pequeño durante la noche. Esta clara preferencia por los animales diurnos parece responder a factores ideológicos. Como se verá más adelante, la noche es el dominio de los espíritus de los muertos, y algunos de ellos, como los nemep, *son peligrosos y dañinos.*

El otro pilar de la economía Nukak lo constituyen las especies vegetales silvestres y «manipuladas». Diariamente, hombres, mujeres y niños salen a recoger frutos, semillas y raíces que se encuentran en las cercanías de los campamentos, usualmente a una o dos horas de caminata. Durante todo el año el seje (<u>Oenocarpus bataua</u>) y el platanillo (<u>Phenakospermum guianensis</u>) son explotados con regularidad. Estacionalmente los Nukak recogen con abundancia los frutos de moriche (<u>Mauritia flexuosa</u>), juiú (<u>Attalea</u> sp.) coróp'anat (<u>Iryanthera ulei</u>), patatá (<u>Helicastilis sp.</u>), palma real (<u>Maximiliana elegans</u>), popere (<u>Oenocarpus mapora</u>), guana o wada? (<u>Rollinea sp.</u> o según Cabrera <u>et al.</u> 1994, <u>Tapiria guianensis</u>), juansoco (Couma macrocarpa), chonta (Socratea exorrhiza) y muchos otros más. La mayoría de estos frutos tienen una baja porción alimenticia por lo que se recolectan en grandes cantidades. En el caso del seje, juiú y guaná el maceramiento de las semillas para extraer aceites y otras sustancias nutritivas que se ingieren en forma de «leche» o «chicha», aumentaría el potencial alimenticio del fruto, además de lo que contiene la cáscara o el mesocarpio (ver Politis y Martínez, en prensa). También se ha observado que algunos tubérculos tales como chidná suministran importantes cantidades de carbohidratos. Este elemento también está presente en las semillas de tarriago, las que son molidas hasta que quedan como harina con la cual se preparan unos «envueltos», que luego son hervidos. Esta variedad de frutos provee componentes alimenticios de alta calidad que permiten a los Nukak mantener un buen estado nutritivo a lo largo de todo el año.

Además de los vegetales y las presas de caza, los Nukak tienen tres recursos estacionales importantes. En la temporada lluviosa recogen abundante mojojoy, mientras que en la estación seca la pesca y la recolección de miel y de otros productos del panal se transforman en integrantes significativos de la subsistencia.

Los mojojoyes (larvas del género <u>Rynchophorus</u>) se encuentran en los troncos de palmas caídas y son un alimento instantáneo para todos los miembros de la banda. Los Nukak reconocen fácilmente las palmas que contienen mojojoy y con un hacha o machete, parten el tronco para acceder a las galerías que producen las larvas. Con un palito o con el dedo, se sacan los mojojoyes y se comen inmediatamente <u>in situ.</u> Estas larvas tienen un alto valor nutritivo ya que contienen importantes cantidades de grasas y proteínas (ver Dufour, 1987). Se ha notado que los Nukak favorecen la reproducción de las larvas ya que éstas crecen en las palmas que ellos mismos derriban (especialmente seje, moriche y chontaduro). Esto debe ser entendido como una verdadera cría, en donde se combinan varios recursos ya que se favorece el desarrollo de mojojoyes en troncos de palmas que generalmente son explotadas con otros fines.

La pesca es una actividad poco productiva durante la estación lluviosa a pesar de que los Nukak la practican con frecuencia. Durante esta temporada los arroyos y "caños" llevan mucha agua y por lo tanto se hace difícil obtener pescados. Durante la estación seca la situación cambia ya que el bajo nivel de los cursos de agua produce una gran concentración de peces. Durante estos períodos los Nukak obtienen grandes cantidades de pescados (ver Tabla 2 de Politis y Rodríguez, 1994) que son consumidos, hervidos o ahumados. Este último proceso permite la conservación durante 2 o 3 días, sin que la carne se eche a perder. La principal técnica de pesca en el verano es la utilización de barbasco en los arroyos que aún mantienen algo de agua corriente, para luego matar los peces con arcos, arpones y machetes. Además de esto, también se utilizan trampas cónicas amarradas a diques de ramas y anzuelos de metal. Los ambientes acuáticos también proveen otros recursos menores como cangrejos (Reid. com. pers.) ranas (Cabrera <u>et al.</u> 1994) camarones y huevos de tortuga.

Durante nuestros trabajos de campo en la estación seca, en enero y febrero, la miel fue un recurso alimenticio de gran importancia. Torres y Mondragón también observaron lo mismo, mientras que Cabrera <u>et al.</u> (1994) mencionan además la recolección intensa de miel durante mayo-junio y octubre-noviembre. La miel proviene de varias especies de abejas distintas Se han identificado: <u>Melipona</u> sp.; <u>Trigona</u> (<u>Pavatrigona</u>) sp. y <u>Trigona</u> (<u>Trigona</u>) sp. Para obtenerlas, los hombres utilizan diferentes técnicas que incluyen quemar el panal, derribar la palma y partir el tronco cuando el panal está dentro de éste. Es importante destacar que los Nukak hacen un uso intenso de otros productos del panal tales como la jalea real, los propóleos y las larvas. De esta forma, los panales se transforman en una abundante fuente de alimentos de altísimo valor nutritivo y de acceso relativamente fácil.

Por último, otro de los componentes de la subsistencia Nukak son los productos que ellos cultivan en pequeños huertos y chagras que tienen diseminados en la selva. Estos campos cultivados son de tres tipos fundamentales. El primero parece ser el más tradicional, es muy pequeño y usualmente está formado por algunas palmas de chontaduro o «pipire» (*Bactris gasipaes*) y eventualmente algo de achiote (*Bixa orellana*) o plátano (*Musa paradisíaca*). Estos huertos son espacios que han sido utilizados y transformados durante generaciones por lo que su importancia no es sólo económica sino también simbólica. Allí se entierran muertos, se referencian eventos trascendentes y se celebran rituales de encuentro entre varias bandas (bakuán). En general, los cultivos de chontaduro o "pipireras" se encuentran alejados de la zona de colonización habiendo sido plantados por los ancestros. Esta especie se encuentra en los mitos de origen, ya que cuando los primeros Nukak salieron a la superficie, desde su "mundo de abajo", traían chontaduro en burup (catarijanos). Es importante señalar que la antigüedad mítica del chontaduro coincide con estudios botánicos que indican que este cultivo se habría domesticado en el noroeste amazónico, donde existen las variedades de mayor tamaño y las más evolucionadas (Clement, 1989).

Otros campos de cultivos más grandes y con mayor variedad de especies se encuentran generalmente más cerca de la zona de colonización. En éstos, se registran numerosas especies domesticadas tales como: yuca dulce, caña de azúcar, plátano, ají, papa tavena, ñame, papaya etc., que han sido introducidas recientemente debido al contacto con los colonos. Cabrera *et al*. (1994) y los misioneros de Nuevas Tribus señalan que los Nukak habrían tenido algunas otras especies cultivadas, tales como la yuca amarga y el maíz, pero que éstas luego habrían desaparecido. En el mismo sentido, Mondragón en base a estudios linguísticos propone también que en el pasado los Nukak habrían cultivado yuca, batata, maíz y calabazas. Es frecuente que cada banda Nukak controle unos pocas chagras y que regularmente instalen campamentos cercanos, dentro de su ciclo de movilidad, con el objeto de explotar algunos cultivos o de llevar a cabo tareas agrícolas tales como la roza, la quema o la siembra.

A pesar de la utilización de especies cultivadas, parece claro que la economía de los Nukak gira sobre la explotación de recursos vegetales y animales no domesticados (ver Politis y Rodríguez, 1994, y Politis y Martínez, en prensa). En efecto, la recolección de productos como el seje, el tarriago, el coróp'anat, el moriche, la guana el popere y otros, supera ampliamente la cantidad y variedad de recursos que se extraen de los campos de cultivo. Durante la estación lluviosa, la dupla seje-tarriago jugaría un papel significativo ya que además de alimentos producen otros derivados de suma importancia para la vida Nukak: hojas para techar los campamentos y para confeccionar catarijanos, fibras para los dardos y sustrato para la cría de mojojoy. En la estación seca, las decisiones económicas estarían más vinculadas al acceso a caños y arroyos en donde se encuentran abundantes peces y a las áreas de concentración de miel. En enero y febrero, las pipireras son también un foco de atracción no solo para la recolección de frutos sino para los rituales de encuentro entre bandas.

Esta subsistencia mixta es el resultado de una compleja explotación de los recursos naturales mediante la cual, los Nukak intersectan los espacios selváticos en los momentos de mayor productividad. El uso de los recursos vegetales no se polariza solamente entre las especies silvestres y las domesticadas, ya que entre ambas existe un amplio rango de plantas, que sin haber sido domesticadas en el sentido clásico del concepto (ver Harris, 1989), son "manipuladas" por los Nukak. Esto implica que sin llegar a una modificación fenotípica de las especies, se transforma su distribución natural y se las concentra en determinados sectores de la selva. Dentro de este rango se encuentran algunas palmas como el seje y el tarriago y los árboles de guaná, que se encuentran en densidades inusualmente altas en algunos sectores dentro de la selva.

No está claro de qué manera los Nukak podrían haber favorecido la concentración de algunas especies, modificando la alta diversidad específica y la baja concentración de ejemplares de una misma especie que caracteriza los bosques tropicales. En ningún caso se ha observado que el seje, el tarriago o la guaná hayan sido plantadas intencionalmente o que estén involucradas en prácticas agrícolas clásicas. La manipulación de estas especies y seguramente de otras, parece estar vinculada a las actividades relacionadas con la movilidad de los Nukak. Una es el corte de árboles y plantas durante los traslados entre campamentos o durante las salidas de caza o recolección. En efecto, es frecuente ver que los Nukak cortan plantas y palmas sin un motivo inmediato y sin objetivo evidente. Esto responde a su forma de manejo de la selva mediante una tala selectiva, sutil e insignificante en el corto tiempo, pero probablemente significativa a largo plazo. La otra actividad que favorece la concentración de algunas especies es el traslado de campamentos (ver Politis, 1992, Politis y Rodríguez, 1994, y Cabrera et al., 1994). En efecto, cuando los Nukak abandonan sus viviendas, el suelo queda tapizado por una gran cantidad de semillas de los frutos que se consumieron durante la ocupación del campamento. Esta alta concentración de semillas le da ventajas a algunas especies en un ambiente altamente competitivo por la luz solar y nutrientes como en los bosques lluviosos tropicales. Estas especies favorecidas son precisamente aquellas que consumen los Nukak, y que se han transformado en integrantes principales de la dieta: seje, tarriago, guaná, popere y algunas otras. De esta manera, el movimiento frecuente de los campamentos residenciales produce derivados alimenticios que van generando parches de recursos vegetales, especie de huertos silvestres, a los cuales los Nukak retornan frecuentemente en su ciclo de movilidad.

La forma y las características de construcción de los campamentos está articulada con la generación de estos huertos silvestres. Los campamentos son compactos y abarcan superficies muy pequeñas que oscilan entre

30 y 120 m², según la cantidad de gente que los ocupe. Para instalar las viviendas se cortan las plántulas, los arbustos, los árboles bajos y eventualmente algún árbol mediano. La mayoría de los árboles medianos y todos los altos quedan en pie, de manera tal que el campamento se construye debajo del dosel selvático, en la semipenumbra típica de los bosques tropicales lluviosos. De esta forma, cuando los campamentos se abandonan no son invadidos, como generalmente ocurre, por enredaderas y trepadoras. Estas especies desplazarían al seje, al tarriago y a las otras especies usadas por los Nukak. Al mantener el dosel selvático intacto, se impide la sucesión secundaria de especies y las áreas que fueron habitadas no son invadidas por plantas que impedirían el crecimiento de las palmas y árboles cuyos frutos son explotados por los Nukak. Por otro lado, los campamentos abandonados no son reocupados: de esta forma se evita la destrucción de las plántulas de las especies útiles. Finalmente, hemos observado que en el verano los Nukak queman los techos de hojas resecas de los antiguos campamentos invernales, produciendo así una fina capa de ceniza sobre el piso de estos, lo que fertilizaría a estos "huertos silvestres".

El complejo sistema de asentamiento y movilidad de los Nukak va produciendo a lo largo del tiempo áreas de alta concentración de árboles útiles. Algunos sectores del espacio selvático son ocupados recurrentemente, preservando siempre las áreas de antiguos campamentos sin reutilizar, y van generando entonces un creciente huerto silvestre. Este es un círculo virtuoso, en el cual al crecer la concentración de palmas y árboles útiles, los Nukak encuentran más ventajas para ocupar estos lugares. En consecuencia, construyen más frecuentemente campamentos que al abandonarlos, se transforman en huertos silvestres que aumentan el potencial alimenticio del área. Este sofisticado sistema de movilidad/ asentamiento se articula con los estratos selváticos, ya que los Nukak se desplazan por el nivel más bajo dentro del cual construyen sus campamentos, pero preservan el dosel intacto, de modo que no se degrade la estratificación natural del bosque tropical. Esto los diferencia notablemente de la gran mayoría de los indígenas amazónicos, quienes abren claros en la selva para construir sus campamentos y poblados. Obviamente, es un concepto opuesto al de los campesinos de la Amazonía, para quienes la idea de ocupación y posesión de un área está directamente asociada con la roza y la quema de los espacios selváticos. Para los colonos, poblar es talar.

He dejado para el final la síntesis de las ideas, de las creencias y la cosmovisión de los Nukak. Este es sin duda el mundo más fascinante, pero a la vez el menos conocido. Mi acercamiento a estos aspectos ha sido mayormente a través de las palabras de Monicaro, quien durante muchas noches en la selva nos contó mitos y creencias de su gente. Sin embargo, este mundo es tan rico y complejo que solamente accedí a una parte muy limitada. Los misioneros de Nuevas Tribus han recogido abundante información al respecto, parte de la cual se ha presentado en los informes que periódicamente entregan al Ministerio de Gobierno de Colombia. Otra *parte me fue contada por Kenneth Conduff y Andrés Jiménez en forma personal. Recientemente Cabrera, Mahecha y Franky han podido también recoger información sobre la cosmovisión Nukak, que ha sido presentada en su Tesis de Grado (1994). El siguiente resumen se basa en los relatos de Monicaro (y en lo que él tradujo de otros Nukak) y en los comentarios e informes escritos de los misioneros de Nuevas Tribus (citados en varios trabajos sobre los Nukak.*

Los Nukak conciben el mundo en tres niveles: el mundo de abajo, la tierra donde viven y el cielo o el mundo de arriba. Este último es como un plato invertido sobre la tierra y se toca por los bordes. Por el este, se puede llegar a dicho borde y subir al cielo. El mundo de abajo está aislado de la tierra y allí viven también otros Nukak y hay animales, como la danta, y el venado, que tienen poblados y viviendas. De este mundo de abajo salieron muchos Nukak por un hueco en la tierra que fue excavado por una mujer de largas uñas que hace mucho tiempo vivía en la tierra y escuchó ruidos que venían de abajo. Este hueco luego se tapó con las aguas de un río o de un diluvio y los que no pudieron salir a la tierra, quedaron viviendo abajo, mientras que los que ya estaban allí se salvaron subiendo al Cerro de las Cerbatanas. La tierra y los árboles han existido desde siempre como así también algunos animales. Un ancestro llamado Muro'jamjat, probablemente con forma de mono, ha sido el creador de muchos animales y árboles, y es motivo de gran cantidad de historias y mitos.

Cada persona tiene tres espíritus que toman diferentes rumbos cuando ésta muere. El espíritu principal va hacia el mundo de arriba, allí es donde está el espíritu de los antepasados, y vive para siempre en un lugar algo diferente a la tierra. En el centro del cielo hay un solo árbol donde moran pájaros y monos. Este espíritu es el único que existe dentro de la persona cuando está viva y las salidas del cuerpo son mediante los sueños. El segundo espíritu va para la "casa de la danta" en donde se queda viviendo y sólo sale de noche a comer los frutos de los arboles. Este segundo espíritu, que puede ser eventualmente dañino, es el que usa la piel del venado, de la danta y del jaguar para sus correrías nocturnas. El tercero o nemep se queda en la selva, viviendo en algunos sitios o en el hueco de los árboles. Este es un espíritu maligno y poco inteligente. Su apariencia es la de un mono grande, torpe con pies enormes y de noche sale a buscar comida y a molestar a los Nukak. Cuando se percibe su presencia se pone como protección, un cerco de hojas de palma y tallos alrededor del campamento. Otros espíritus que moran en el bosque son los takueyi, *cuyo origen es incierto y su carácter es básicamente benigno. Algunos árboles de gran tamaño también tienen espíritus que luego van a la "casa de la danta".*

El este y el oeste son límites con significado mítico. Al oriente, camino al cielo, hay un campamento desde donde sube el sol. Allí viven seres representados por el mismo sol, la luna y algunas estrellas grandes. Este campamento está más allá de una laguna, cercana al hueco por donde salie-

24

ron los Nukak desde adentro de la tierra. Como los Nukak visualizan al cielo como un plano, conciben al sol como un Nukak que sale a la mañana a repartir alimentos y que a partir del mediodía regresa. Después de la una de la tarde, lo que se ve no es el sol, sino gracias a un espejo, el reflejo de él, que está regresando a su campamento hacia el este, para salir en esa misma dirección a la mañana siguiente.

Para los Nukak, el numero 3 parece ser el de mayor significado y el que condensa la esencia de su cosmovisión. Tres son los mundos, los espíritus de la gente y los animales más sacralizados. Esto indica que la conceptualización que los Nukak hacen del universo no funciona por oposiciones binarias, sino que está contenida en una visión de tres dimensiones. Estas trilogías les permiten entender la naturaleza, imaginar una vida después de la muerte y vivir en su mundo selvático.

Los Nukak mantienen aún su identidad étnica y su cultura, pero están bajo peligro permanente. Peligro de perder sus tierras, de contraer enfermedades desconocidas, de que sus recursos sean usados indiscriminadamente por otros. La reciente creación de un resguardo, ha sido un paso adelante pero insuficiente, ya que ha dejado una parte del territorio Nukak (del 40 al 60 %) sin ninguna protección jurídica. Se ha creado también en el Departamento del Guaviare un «Parque Nacional Nukak», pero el área incluida sólo se superpone en una porción pequeña con las tierras de esta etnia. La situación es tan compleja y tiene tantos intereses en juego que la protección de los Nukak se torna cada día más difícil, por otro lado el gobierno nacional ejerce un control muy limitado de esta parte del Departamento del Guaviare, en donde hay una fuerte influencia de las Fuerzas Armadas Revolucionarias de Colombia (FARC). La pobreza y la violencia de otras regiones de Colombia seguirá empujando a campesinos y comerciantes de otras partes del país hacia estas regiones con la esperanza de encontrar en ellas nuevas oportunidades y una vida mejor. Para esta gente con ilusiones y poco que perder, quedan en las selvas del Guaviare infinitas tierras "sin dueño", esperando la llegada de los blancos. Para ellos, "estas selvas vírgenes son tan vastas que hay lugar para todos, para nosotros los colonos, para los Nukak y para los otros indígenas del Guaviare".

En esta breve introducción he tratado de resumir la información que he recogido en los trabajos de campo durante los cuales he tomado las fotos de este libro. Intenté presentar algunas ideas que sirvan para comprender cómo los Nukak utilizan los recursos de su territorio y por qué mantienen una movilidad tan alta. He incorporado datos e ideas de otros investigadores que han estudiado la cultura Nukak. Sin embargo, nuestra ciencia está aún muy lejos de entender la infinita riqueza de esta cultura y de comprender su mundo. Falta mucho todavía para saber quiénes son y cómo son realmente los Nukak.

ROSTROS

La expresiones, las miradas y los gestos de los Nukak
están cargados de significados y sentidos. Muy pocas veces
reflejan desagrado o enojo; casi siempre curiosidad,
alegría y una inmensa tranquilidad.

El lenguaje gestual muchas veces supera a la palabra
y el código de miradas es preciso y contundente.
Los ojos entrecerrados, la boca arqueada
y la mueca sutil lo dicen todo.

Los rostros en estas páginas
son espejos de almas. Almas serenas, profundas y,
para nosotros lejanas y distantes.

Eibbi serio

Mirada atenta

Madre, hijo y mascota

Karina

Puenabé de cacería

Se come hasta lo último

Wanaaku saca semillas de tarriago

Dugu rompe cráneo de mono

Kodiban cocina mono

PINTURA
Y
DEPILACION

La pintura del cuerpo y de la cara son expresiones estéticas y simbólicas trascendentes dentro del universo Nukak. Son también un disfraz y un vestido cuando hay visitas o encuentros entre bandas. El mée (achiote) y el eoro son los colorantes más usados y con ellos se trazan líneas rojas que forman complejos motivos geométricos o se distribuye por todo el cuerpo. A veces sobre algunas líneas rojas se untan de resina sobre la cual se pegan delicadas plumas blancas.

La depilación es también una práctica habitual para todos los Nukak. Hombres, mujeres y niños se quitan periódicamente los pelos de la frente y de las cejas con las savias resinosas de árboles selváticos. Así transforman su cara y su expresión, así son un poco más Nukak.

Pintura y achiote, resinas y plumas. Arte y simbolismo Nukak cargados de intensos significados y enigmas.

Wana come tarriago, Uh mira

Wákaka y Kib'be se depilan

Depilación

Kodiban pinta a su hija

Tarde de pintura

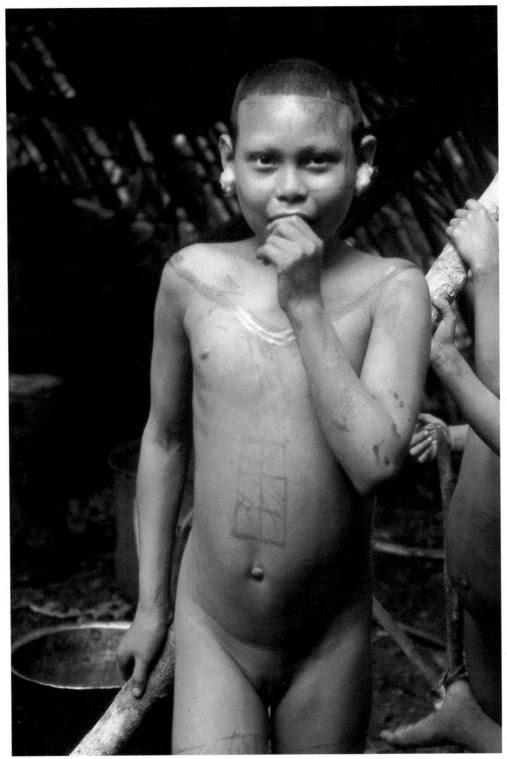

Dit'ta

Comiendo tarriago

VIDA DOMESTICA

La cotidianidad de los Nukak es diversa y variada. Muchas actividades se realizan dentro del campamento. Allí se preparan los alimentos, se come, se teje, se fabrican cestas y pulseras, cerbatanas y dardos. Allí dentro se nota claramente cómo los Nukak comparten solidariamente su vida y como los estrechos lazos de cooperación articulan su convivencia.

Los campamentos se inundan de voces al anochecer y al amanecer cuando los Nukak, reunidos alrededor de los fogones, comentan lo que les pasó durante el día o planean sus salidas o sus viajes. Cuando cuentan historias y cuando, risueños, se burlan de los visitantes.

Algunas mujeres cantan mientras hacen los chinchorros. Un joven toca una flauta de hueso de venado mientras se mece tranquilamente. Un hombre come carne de mono sentado junto al fuego. Los niños juegan con un trompo y dos niñas aprenden a tejer una pulsera. Una escena típica, una tarde en la vida Nukak.

Eibbi en familia

Wuaú con ramas de *guaná*

Kodibán prepara mono en el fogón

Parten frutos

Peña prepara palitos para hacer fuego

Haciendo fuego.

Se sacan fibras de cumare

Sonidos con la flauta

Limpieza de semillas molidas de tarriago

Wana prepara envueltos de harina de tarriago

De visita a las chagras

QUEHACERES

Los Nukak hacen prácticamente todo lo que usan aunque recientemente las hachas tradicionales de piedra (nemép'chook) y los cuchillos de guadua (uuá) han sido reemplazados por herramientas de metal. Sin embargo, existe una gran variedad de utensilios tradicionales.

La selva les provee la materia prima y su pericia transforma caña en cerbatanas; cogollos de cumare en hebras, hilos y chinchorros; fibras en cesta; huesos en flautas y troncos de palma en morteros.

Todos los miembros de la banda hacen algo. Las niñas tejen pulseras (K'dnyii) y los niños arman sus pequeños arcos. Las mujeres son hábiles tejedoras de cestas y de chinchorros. Los hombres confeccionan sus cerbatanas y dardos y con maderas duras de palmas enderezan lanzas cuya punta se endurece al fuego. Con cortezas blandas hacen los güayucos, raspando bejucos fabrican el curare y con raíces machacadas preparan el barbasco.

Todo lo necesario para vivir está en la selva, y los Nukak saben dónde encontrarlo, cómo usarlo y cómo preservarlo.

P'nabe hace su güayuco

Wannaku teje un *k'dnyii*

Preparación de raíces para barbasco

Endurecimiento de la punta de una lanza

En el quehacer de ovillar

Elaboración de una cesta

Hilando cumare

Uté raspa bejuco para preparar curare

CAZA

*La caza es una actividad típicamente masculina que ocupa
un papel central en la subsistencia Nukak. Los monos son
las presas preferidas. Diariamente los hombres y los
jóvenes salen de cacería portando sus cerbatanas y un
carcaj repleto de dardos, y recorren los territorios
circundantes. generalmente regresan con varias presas que
son compartidas por los miembros de la banda.
A veces también cargan sus lanzas y van en busca
de las manadas de pecaríes en los saladeros cercanos.*

*La caza no es sólo la búsqueda de alimento, es también
una expresión de la masculinidad de los Nukak, es un
diálogo con el mundo animal y es un camino de relación
ritual con la selva y sus habitantes. Es sobre todo una
reflexión cosmológica en la cual hombres y animales
negocian permanentemente su existencia
bajo la mirada atenta de los espíritus.*

Puenabe caza aves

Práctica de puntería en el campamento

Pecarí recién cazado

Uté ayuda a Kei a cargar un pecarí

Despostada del pecarí

Caza de mono

Kei avanza por la selva y escucha el sonido lejano de
un mono. Se detiene, lo presiente, lo busca con la vista,
lo divisa y se le acerca sigiloso. El mono, muy alto en la
copa de una palma, abajo Kei con su cerbatana y un
puñado de dardos envenenados llevará a cabo
el ancestral ritual de la caza.

Camina despacio debajo de la presa y mete un dardo en la
cerbatana. Con los ojos fijos en el mono, como si dejar de
mirarlo significara perderlo para siempre, Kei lleva
lentamente la cerbatana hacia la boca. Se mueve con
armonía, se alza sobre sus talones, tensa los músculos de
todo el cuerpo y concentra toda su energía en un soplido
corto, seco y potente. El dardo surca el aire húmedo
y cargado y un zumbido mortal se mezcla con
los ruidos selváticos. El tiro da en el blanco y
poco tiempo después el mono caerá agonizando
por el letal efecto del curare.

En el campamento lo cocinará Chowowo, una de sus
mujeres, y esa noche todos compartirán la presa y
admirarán una vez más la destreza de Kei.

Kei en búsqueda de monos

CAMPAMENTOS

*Los campamentos son espacios vitales en el mundo Nukak.
Allí se cocina y se come, se descansa y se duerme,
se baila y se canta. Dentro de los campamentos transcurre
una parte importante de la vida. Las parejas se aman,
discuten y se pelean; los niños juegan y lloran, las mujeres
hilan y machacan frutos; los hombres cuentan sus sueños y
preparan curare para sus dardos.*

*Durante la estación lluviosa los campamentos se cubren
con hojas de tarriago y dejan un espacio central que es
usado para muchas actividades comunitarias tales como
las juegos y los rituales de encuentro (bakuán).
En la estación seca, los campamentos no tienen techo y las
familias cuelgan sus chinhorros y
hacen sus fogones uno al lado del otro.*

*Los campamentos se articulan en los estrátos selváticos,
metiéndose sutilmente por debajo de las palmas
y los árboles sin dañar el bosque. Unidos por trochas y
sendas, los campamentos son marcas en el territorio
y huellas en la selva, son indicios claros y precisos
inconfundibles de que durante muchas generaciones
los Nukak han estado allí.*

Kib'be ata un travesaño

Campamento en construcción

Interior de un campamento de invierno

Kritti pone las hojas del techo

Campamento de invierno

Campamentos de invierno desde arriba

Campamento de verano

Traslado entre campamentos

DIVERSIONES

Las risas, los cantos y las burlas son expresiones cotidianas que articulan el mundo Nukak. La alegría es, sin duda, uno de los ejes de la vida que se manifiesta recurrentemente en las actividades diarias.

Desde muy niños los Nukak aprenden a reir. Cuando practican puntería con las primeras cerbatanas o cuando cazan pajaritos con sus arcos. Durante la adolecencia se ríen cuando se depilan o se pintan y cuando, exitosos, queman el pelo de un pecarí recién cazado. Ya adultos, se divierten cuando cruzan los puentes y cuando bromean alrededor de un fogón mientras comen carne ahumada.

Los Nukak son, sin duda, gente alegre y animada. No tienen de qué temer, pues saben del apoyo incondicional de los takueyi y de los espíritus que habitan el "mundo de abajo" y el "mundo de arriba". Los Nukak han hecho todo para no dañarlos ni molestarlos. Han cuidado de las dantas y los venados y no buscan enfrentarse al jaguar. Tampoco han matado animales por el placer de la muerte ni han tumbado palmas a destajo. Siempre han sido respetuosos con el fuego y han cuidado de sus hijos y de los huérfanos procurando que no les falte nada.
Entonces,... ¿por qué temer?

Kei hace equilibrio

Eibbi practica puntería

Wákaka recupera su dardo

Uté, Puenabe, Kei y Uh comen pecarí alrededor del fogón

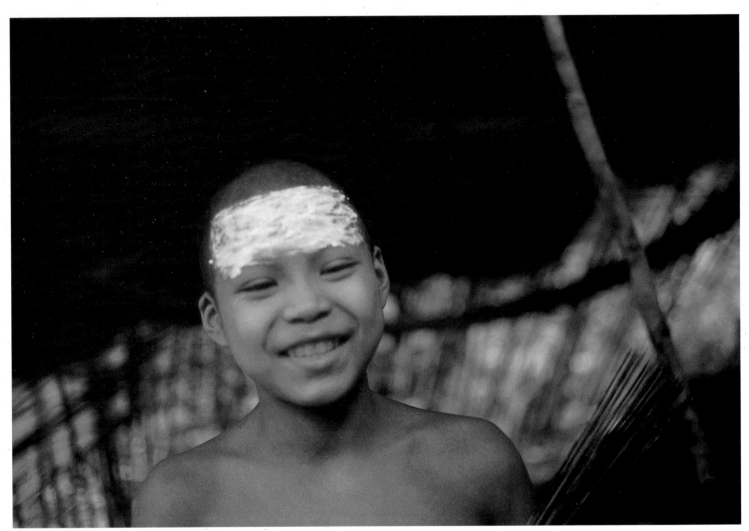

Wákaka se depila

Wákaka hace muecas

PESCA

La pesca es tranquila y solitaria en invierno.
Generalmente los hombres se sientan con una caña
y anzuelos a la orilla de los arroyos o revisan las trampas
en lo rebalses. Es este un tiempo de silencio y reflexión.

En verano las salidas de pesca son alegres y concurridas.
Se represa un arroyo y los hombres machacan raíces
venenosas hasta que la mancha clara de barbasco va
creciendo en el agua barrosa y los primeros peces
atontados se ven en la superficie. Las mujeres y las niñas
saltan al arroyo con palos y machetes. Entre risas y
comentarios van metiendo en sus cestas peces de todas
formas y tamaños. Mientras tanto, desde la orilla los
jóvenes disparan sus arcos con arpones y ensartan los
peces más grandes. Para ellos es más prestigioso ejercer la
buena puntería con el arpón que conseguir
muchos pescados.

Antes de caer el sol todos regresan al campamento
cargados de pescado y los colocan en unas parrillas
triangulares de palo para ahumarlos. En los próximos días
sobrará el alimento y todos comerán en abundancia,
mientras entusiasmados contarán a sus hijos historias
antiguas acerca de cómo los Nukak aprendieron a pescar.

Puenabe de pesca

Puenabe construye dique para barbasquear en el arroyo

De pesca

Wuaú revisa una trampa

Mujeres pescan en un arroyo con barbasco

Niños de pesca

RECOLECCION

La selva es la gran proveedora de alimento para los Nukak, no importa dónde esté, ya sea en la palma más alta o debajo de la tierra, con ingenio y destreza, los Nukak han aprendido a obtener del bosque una infinidad de recursos para su supervivencia.

Diariamente hombres, mujeres y jóvenes salen a buscar en los alrededores del campamento una gran variedad de productos. Regresan con sus burup repletos de frutos de distinto tipo, unos amarillos y dulces, otros oscuros y duros, algunos verdes y sabrosos. También traen canastos con mojojoy que han sacado de palmas caídas, aunque la mayor parte se los han comido mientras hachaban el tronco cribado por los túneles de estas larvas.

Alrededor de los fogones la comida no falta y siempre hay frutos diversos. La selva se los ha dado generosamente y ellos, los Nukak, han sabido ser agradecidos. Por eso nunca la lastiman.

Wanaaku recoge *coróp'anát*

Wuaú después de un día de recolección

Wanaaku y Dubu muestran cosecha de mojojoy

P'nabú cosecha chontaduro

Wuaú come *juiú* al pie de la palma

118

Key muestra el chontaduro recién recolectado

J'huili pela *coróp'anát*

Wuaú come mojojoy

En busca de miel

La miel abunda en el verano y a los Nukak les encanta
bajar los panales y comer todo lo que hay en ellos.
No importa cuán alto esté el panal ni que tan grande sea el
árbol. La miel que está en las celdillas, la jalea real y las
larvas de abejas son exquisiteses que justifican cualquier
esfuerzo.

Si el árbol es muy grande se arman unos andamios para
cortarlo en una parte más delgada. Los hombres se
ayudan entre sí y, acompasadamente, las hachas van
rompiendo una y otra vez las fibras del tronco. Cuando el
árbol se cae un gran estrépito conmueve toda la selva. Los
Nukak corren al pie del panal y comen ávidamente la miel
que chorrea a borbotones. Todos están contentos; una vez
más la selva les ha regalado una de sus delicias.

AFECTOS

La ternura infinita de una madre, la siesta sobre un chinchorro con los hermanos, el cuidado atento de la esposa, la protección silenciosa del marido. Afectos cotidianos y afectos necesarios. Los Nukak lo saben y por eso los expresan de mil maneras entre ellos y ante quien aparezca, pues son cosas demasiado importantes para ser disimuladas.

ENGLISH TEXT

The Nukak are the most recent Indian group from the Amazon and from Colombia to make contact with Western civilization. Until a few years ago their lives had transpired according to tradition and their customs followed the basic structure of hunting-harvesting-fishing nomadic tribes. Today this way of life is vanishing every more rapidly because of contact with the industrial world that has unleashed threats to Indian culture. The photographs in this book capture the essence of the Nukak and rescue in pictures a way of life that is disappearing. It is an ambitious effort to recreate scenes of a world that is headed toward extinction.

Certainly the Nukak will live on for a long time, but their lives will not be the same. For generations they owned their future. Within the jungle and never migrating to the great rivers inhabited by other farming and fishing tribes, they maintained sporadic and limited contacts with their river neighbors: Puinave, Kurripaco, Guayábero, Piapoco, etc. Their means of subsistence is almost exclusively based on hunting, fishing in pools and streams, harvesting wild vegetables and fruit, gathering insects and honey, and pursuing horticulture on a small scale. In the 1970s a wave of colonization in the region enclosed the Nukak in a progressively smaller territory. During this time a mission of the New Tribes known as Lake Pavón was installed in northern Nukak lands, and in the 1980s this mission moved to the real center of the territory and was called Lake Pavón 2. A short time later, in 1988, a group of a little over 40 Nukak appeared in the village of Calamar in the province of Guaviare, making themselves a news item and improvised television actors. Since then, different bands of

Nukak have established relations with colonists, visiting villages on the colonized frontiers like Caño Jabón, Tomachipán, and Guanapalo, and have begun to progressively change their traditional lifestyle.

Today, many Nukak, especially those inhabiting the western sector of their land, are settling almost permanently near the frontiers of colonization and have come to depend on the work and products of farmers. The Nukak have ceased to own their lands and their destinies and are slowly joining the market system. Other Nukak whose territories are more isolated, to the east and south, still observe traditional customs. Nevertheless, colonization continues, and industrial society, with its irresistible centrifugal force, attracts them more and more and distances them from the jungle way of life.

The photographs in this book were taken in the Guaviare jungle between 1990 and 1994 as part of an ethno-archaeological research project among the Nukak. The project was designed with Gerardo Ardila in 1989 and we were able to begin work the next year. During the field work I was accompanied by Julián Rodríguez and Gustavo Martínez. The help and friendship of both were crucial during our stay in the jungle, and together we took hundreds of photos. My camera was loaded almost always with 200 and 400 Asa color slide film, while theirs usually had color or black and white print film. The photographs published here were selected from those I shot for slides.

For this collection of pictures I have selected those scenes which show aspects of traditional Nukak

life and I have tried to record the gestures and attitudes that have characterized these people for generations. I tried to capture their emotions and tenderness, their surprises and routines, their concerns and joys. The Nukak world is full of sensations that flood the camera lens and make photography a technique insufficient in capturing so much intensity, so many dimensions. At any rate, I wanted to make the effort and to provide a testimony with pictures of the cultural wealth of these nomads of the Amazon jungle. I wanted to show how the Nukak live in the fullness of their world and to pay tribute to a people who in the depths of the jungles have known how to live for many generations in harmony with their environment.

Today many Nukak live in ways very different from what is reflected in these scenes. They may work on colonists' farms and use western clothing and boots; they may eat pasta and rice. This is a repetition of a well-known story among the Amazon Indians and those of all the Americas: Western society corners them, compresses them, transforms them, creates necessities and dependencies in them, and later incorporates them into a perverse system which relegates them to a marginal position and a niche of poverty. Few groups have withstood such a tremendous attack and few have survived such injustice. Will the Nukak be able to?

Buenos Aires
April 1995

The Nukak are Indians related to the Makú tribe and inhabit the Colombian Amazon between the Guaviare and Inírida rivers. The trail of western colonization that connects San José del Guaviare with Calamar and the Cerro (mountain ridge) de la Cerbatana (blowgun) marks the western and eastern borders of Nukak lands, respectively (map). Some researchers believe that Nukak territory was much more extensive until only a few years ago and that it stretched south to the Papunaua River and Arroyo Aceite and to the west as far as the headwaters of the Inilla, Utilla, and Ajajú rivers

(see Torres, ms, and Mondragón, ms). Nevertheless, all studies have focused on the area between the Guaviare and the Inírida and, therefore, it is still not clear whether groups of Nukak still exist to the south or west of this area.

Nukak territory today is characterized by a tropical climate and rain forest with a short dry season. In this area annual rainfall fluctuates from 2500 to 3000 mm. per year. Rainy seasons are tempered by a dry period which, added to a relatively hot average temperature (25 to 27 degrees C.), causes

rapid plant growth. Most of the year there is abundant rainfall, with a rainy "winter" season from April to mid-November and June to August being the wettest period (approximately 400 mm. per month). The dry season, or summer, is at its peak in January and February, when rainfall diminishes to 50 and up to 100 mm. per month.

From the linguistic point of view, the Nukak belong to the Makú-Puinave family (Mondragón, ms, Reina, ms and 1991). In generic terms, they are related to the Makú, a heterogeneous group that

136

includes several hunting and harvesting river basin tribes in the northwest Amazon (Metraux, 1948). Among these, the Jupdu-Makú and the Bara-Makú (Silverwood-Cope, 1972; Reid, 1979) appear to be most closely related to the Nukak ethnically. In contrast with other Makú that have settled in sedentary fashion near peasant farmers during the last few decades, the Nukak had kept their traditional lifestyle intact up to quite recently. Clearly they had had direct and indirect contacts with groups of horticultural river Indians (Puinaves, Kurripacos, Guayaberos, Tukanos, etc.) and with colonists, but these contacts had not substantially modified Nukak traditions. Up to the end of the 80s they were practically unknown to anthropologists, and only Gerardo Reichel-Dolmatoff had made a brief reference in 1967 to Makú groups in the land between the Guaviare and the Inírida.

With regard to the colonists who reached the Guaviare after 1970, the Nukak avoided contact and escaped deeper into the jungle as more and more trees were cut down. Several local stories exist of massacres of the Nukak and stealing of their women and children (Mondragón, ms). As Alfredo Molano described it (1987), violence accompanied the struggles, hunger, and desperation of the colonists, many of them escaping from violence themselves, and left little possibility of understanding or dialogue.

When 41 or 42 Nukak appeared in Calamar in 1988, the colonists were astonished. A group of naked women, adolescents, and children with scarcely any tool used by our society and speaking not a word of Spanish had reached this village on their way to an ancestral territory and from there to the Unilla and Itilla rivers. Not until the arrival of Michael Conduff, a missionary of the New Tribes, could anyone discover details about the group. Conduff found that the band called itself Nukak and that its people spoke a language related to that of the Bará-Makú. Some members of the group continued toward the west, between the Inilla and Utilla rivers, where they were filmed by Bogotá journalists accompanied by anthropologist Juan Manuel Alegre and visited later by linguist Leonardo Reina. Other Nukak who remained in Calamar were taken by plane to Mitú and later from there to be returned to the jungle. Luis Azcarate, in an unpublished manuscript, has summer up the defeat of this first band in their excursion into colonized jungle and their hazardous return to the forest. M. Chaves and Leslie Wirpsa (1988) and Carlos Zambrano (1992) have published chronicles of this "first meeting."

Thanks to contacts with Conduff it was discovered that the missionaries from the New Tribes had set up a mission on the right bank of the Guaviare River and that later, in the mid-80s, had transferred it deeper into Nukak territory. This new mission was called Laguna Pavón 2, and from there the missionaries had initiated more constant and fluid contacts with the Nukak, who came to the mission regularly in search of medical attention and to exchange some of their handicrafts for pots, machetes, and matches. Generally they would stay only a few days until they were cured, and then they would leave. During the period when the Nukak came to Calamar, missionaries estimated the

total population of this tribe at from 700 to 1000 persons, of whom 350 had made direct contact with them. Several reports presented by the missionaries to the Ministry of Government, most written by Conduff himself and by Israel Gualteros, bore testimony to the abundant amount of information that had been gathered, based on considerable fluency in the language and daily contact with different bands.

A short time after the Nukak first appeared in Calamar, several linguistic and anthropological studies began, followed by field work in medicine and genetics. These research projects have allowed us to begin to understand the culture's
characteristics, health conditions, and relations with colonists and missionaries. It has also allowed construction of a data base from which to design protection policies for this ethnic group, especially in regard to its territorial and medical needs.

My own research began in 1990 when I undertook an exploratory two-week visit to the Guaviare region and established contact with a group of 16 individuals who had come from the jungle and were following the trail that joins San José and Calamar. This group spent a few days in an abandoned cabin at La Leona crossing and from there made daily excursions to find food and clothing from colonists. Some of the young men, nonetheless, hunted, gathered fruit, and fished in the jungle ponds that still remain on the banks of arroyos. During that time, four members of the band returned by the Ganadera trail and entered the jungle on the side of Caño Seco. From there they joined a larger group of 25 individuals, whom I could visit briefly while they were encamped about 35 kilometers east of Caño Seco. The next year I carried out more field work as part of an ethno-archaeological project with Professor Gerardo Ardila of the National University. In this new phase of the research I was accompanied by Gustavo Martínez, B.S., and we spent nearly a month among the northwest Nukak groups. One such band regularly traveled to Caño Seco and La Charrasquera, while another frequently went to Barranco Colorado (see Ardila, 1992). The third field study we did was with anthropology student Julián Rodríguez and lasted 30 days among a Nukak group south of Caño Hormiga in the north central portion of Nukak territory. These three sessions were all during rainy seasons. The fourth field study, also with Rodríguez, was among the band that visits Caño Hormiga, but this time in the middle of the dry season, January and February 1994. During this latest expedition we were accompanied by Monicaro, a young 15 or 16-year-old Nukak who, thanks to his skill with Spanish (one of the Nukak who speaks it best), provided much important data and allowed us to better interpret observations we had made in previous years.

It is very difficult to describe Nukak culture because an accelerated transformation process has created new "Nukak cultures" which have appeared simultaneously but with many different components. Today, some bands have melded into colonial lifestyles; they help harvest coca leaves, selling them for cash to buy tools and clothing. They have fun drinking beer or sodas at small bars and listening to Vallenato music while the children beg for a ball to play soccer in the torrid afternoons of Guanapalo. Western bands are the hardest hit by this transformation, as colonization is making greatest inroads by land along the Central Trail and the Ganadera Trail. The western and southwestern Indians, on the other hand, seem the least affected and still preserve their traditional cultural patterns. In the paragraphs to follow,

I will try to synthesize the lifestyles of these groups.

An outstanding aspect of Nukak culture is its nomadism, expressed by extremely high residential mobility. This means that they change encampments with great frequency. During the rainy season the average number of such changes is every three days. The Nukak may remain at a camp one night and abandon it intact the next day or they may remain at the same site for up to 20 days. Some authors (Cabrera et al., 1994) mention stays for up to 30 days, although this is probably influenced by sedentary habits produced by the attractions of colonization. Distances between one camp and the next can vary from 0.9 to 12.2 kilometers, with an average of 4.5 kms. Each move means gathering up most belongings (hammocks, pots, machetes, receptacles, etc.) and transporting them to the selected grounds. Generally the women carry the heaviest items, while the men bear a lighter cargo (only blowguns, lances, hatchets, or machetes) and are in charge of hunting and gathering fruit and honey for the trip. The journeys are along paths already known and to pre-established sites.

Because the bands are generally small, each camp is made up of two to five habitations. Once the group arrives at the chosen spot, the men undertake the task of building a new encampment. First they clear the area and cut some small trunks. Then they set up frameworks of posts and beams, using uncut trees as supports. From this structure they hang the hammocks, respecting couples as deserving the most important spots. Their hammocks are put up first and somehow determine the camp's basic layout. During the rainy season rows of plantain leaves and even palm leaves are placed over the central beam of each family unit. This creates a dry area to protect both hammocks and campfires. Each family has a living unit with a "front" open toward a central space left in the midst of all the units. This central space is used for many activities, children's play, and, on certain occasions, for intra- and inter-tribal rituals. During the dry season the units are roofless and the encampment has a different form; the shelters are not built around a central space but placed side by side.

From the economic point of view, the great mobility of the Nukak could be due to two principal causes. On the one hand, it answers to a need to not over-exploit the area surrounding each camp. On the other, it is the consequence of a sophisticated strategy in the management and use of forest resources. In other words, they will precisely at a given spot when at a specific time of year there is great productivity of certain foods (coconuts, honey, fish), and they will use them appropriately and then move to another site. In this way the Nukak view their environment as a great producer of resources, where everything they need to survive can be obtained if one knows how, where, and when to look for it. From other points of view, mobility must be understood as an activity indispensable to promote meetings among groups and, in this way, exchange information, find a mate, and hold joint ceremonies. Finally, moving a camp is also the result of health needs, as after several days of occupation the camps and their surrounding areas begin to fill up with filth and garbage.

By means of these circles of mobility, Nukak bands have defined a territory, one which they have known and occupied for many generations. Each band or co-resident group exploits preferably a territory of a few hundred square kilometers. Within it most of their lives are spent. Obviously the composition of the bands is not fixed, as regroupings take place as well as changes of members from one band to another in the formation of couples. Nevertheless, frequently several families live together for several years, as we observed during our work with the group at Caño Hormiga. This band has been made up of the same five families since at list mid-1992.

Relocation of people within bands depends on rules of family membership, which regulate the interchange or relocation of some members. The bands belong to larger affiliation groups that share a territory and within which occur reorganizations, formation of couples, visits, and shared rituals. Mondragon (ms) identified six of these and called them "endogamous regional territorial groups." Cabrera and others (1994, p. 295) have proposed that the Nukak have patrilinear groups, meaning that each person is permanently and uniquely a member of the group descended from his father. Each group has its own denomination, and these authors consider them clans. Each clan, for its part, will be associated with a specific territory.

Beyond their territory of habitual exploitation and the territory of their major affiliation, regional group, or clan, the Nukak travel to distant regions, sometimes occupied by bands with whom they have never had contact. The reasons for these journeys are varied and, in many cases, even unknown. Small groups of men periodically go to the eastern sector of the territory to a place known as the Cerro de las Cerbatanas, where they find cane to make blowguns. On such trips, they harvest large amounts of cane to supply them for the rest of the year. In other cases, socially tense situations among bands can provoke an exodus of some individuals or families. At present, pressures by colonization have led to territorial readjustments with obvious repercussions in inter-band tensions and have caused some Nukak to cover great distances in search of ancestral lands, as in their appearance in Calamar in 1988, or to visit settlements of colonists in places like Tomachipán or Caño Seco. Finally, the New Tribes mission has exercised significant attraction, and surely this too has produced territorial resettlements. Today the Nukak travel several dozens of miles to get medical attention at the mission. They also make bartering stops there on their journeys to Las Cerbatanas. Recent efforts carried out at the mission by personnel of the Indian Affairs Division and by the National Health Institute have recorded data showing that the place is, in truth, visited frequently by people of different bands, some of them from distant territories.

Nukak survival is based on hunting and the gathering of jungle species and animal products like honey, turtle eggs, and "mojojoy" (insect larvae found in the trunks of fallen palms). Also the Indians fish and practice horticulture on a

small scale. Finally, they are more and more frequently obtaining some articles of food from colonists.

Among animals hunted, primates occupy first place as favorite prey. During our field study, the Nukak hunted for monkeys two out of every three days, and often killed three or four. This means that there were several kilos of meat daily for consumption within the camp. Monkeys are hunted exclusively by the men, adults and boys, with blowguns and poisoned darts. Hunting parties number from one to four people, each armed with blowguns and darts, and their forays are along trails already in use. The most hunted species are "araguato" (Alouatta sp.), "maicero" (Cebus apella), "churuco" (Lagothrix lagotricha), "okay" (Callicebus torquatus), and "diablito" (Sagiunus negricollis). Once killed, the prey is carried to the camp and turned over to the women: They are in charge of skinning, preparing, and cooking it. Later on, from every campfire the meat is distributed to all the families in the camp, while the hunter's family keeps the monkey head. Handing out pieces of meat as well as other food clearly reveals the close ties of solidarity that characterize Nukak society. This cooperation means that no one in the camp goes hungry, even if nothing has been brought home from the hunt that day.

Other prey are wild pigs or peccaries, especially the "pecarí-labiado" (Tayassu pecari). The presence of peccary herds is occasional and unpredictable, and therefore when this occurs all the hunters in a band take part in a communal hunt. The weapon of choice is a wooden lance about two meters long whose two conical points have been patiently hardened by fire. During these hunting sessions, frequently three or four animals are killed and they are roasted or smoked before a large bonfire near the encampment. Wild pig meat is taboo as a food for the women, for whom the mere idea of eating pork causes obvious disgust. On the other hand, the men eat wild pig meat in abundance for several days after the hunt. Joking and fun around the communal fire accompany the feasting during this time.

Land turtles (Testudo sp.) are eaten often by the Nukak and at least one is caught every four or five days. During our stay with the band, other animals were caught occasionally, such as the "agutí" or "chaqueto" (Dasyprocta sp.), alligator (Caiman sclerops), and armadillo or "cachicamo" (Dasypus novemcinctus). Other researchers (Cabrera et al., 1994, and Mondragón ms.) also mention that the Nukak hunt other jungle species like the collared peccary (Tayassu tajacu), opossum (Didelphus marsupialis), limpet (Agouti paca), and "guache" (Nasua nasua).

To this long list of animals must be added the Amazon's largest herbivores, the deer (Mazama sp) and the tapir (Tapirus terrestris). Consumption of both animals, along with the tiger (Panthera onca) is prohibited and is part of a strong taboo in regard to food. Taboos against these animals are common among Amazon Indian groups (see Descola, 1994) and are closely related to their cosmic view. For the Nukak these creatures are anthropomorphic ("They are like people," says Monicaro) and have

their homes and villages in "the lower world." Besides these, some fish and birds are also taboo for certain people (pregnant women, for example) or only during special times. Another animal whose consumption is prohibited is the sloth, although the reason for this taboo is unclear. Finally, missionaries claim that the limpet is also prohibited, although Cabrera et al. have recorded its being eaten.

The other pillar of Nukak economy are wild and "manipulated" plant species. Every day, men, women, and children go out to gather fruit, seeds, and roots they find near the camps, usually one or two hours' walk away. All year long palm (Oenocarpus bataua) and "platanillo" (Phenakospermum quianensis) are readily available. Also the Nukak gather abundant seasonal fruits like "moriche" (similar to coconut) (Mauritia flexuosa), "piassava" (Attalea sp.), "coropanat" (Iryanthera ulei), potatoes (Helicastilis sp.), royal palm (Maximiliana elegans), "popere" (Oenocarpus mapora), "guana" or "wada" (Rollinea sp. or according to Cabrera et al., 1994, Tapiria guianensis), and many more. Most of these fruits have lower nutritional values and thus are gathered in large quantities. In the case of palm nuts, "piassava," and "guana," their seeds are ground up to extract oils and other nutritious substances that are consumed as "milk" or "chicha," which can increase their food value, as can the peel or inner fibers (see Politis and Martínez, ms. soon to be published). Some tubers also, such as "chidná" and "hum," provide important sources of carbohydrate, which is also present in "tarriago" seeds, which are ground to produce a flour from which a kind of tamale is made and boiled. Such fruits provide high quality nutrients which allow the Nukak to maintain a high nutritional level all year.

In addition to plants and prey from hunting, the Nukak have three important seasonal resources. In the rainy season they find abundant insect larvae, while in the dry season fishing and gathering of honey and other products from the hives become significant elements for survival.

The larvae (of the genus Rynchoporus) are found in the trunks of fallen palms and are instant food for the members of the band. The Nukak easily recognize larvae-carrying palms and, with hatchets or machetes, they split open the trunks to find the tunnels made by the larvae. With a twig or their fingers, they dig out the larvae and eat them immediately in situ. Larvae have high nutritional value, containing important quantities of fats and proteins (see Dufour, 1987). It has been noted that the Nukak help larvae reproduction as the latter grow in palms the Indians have cut down for this purpose. Thus there is a true crop prepared, combining resources and favoring the development of larvae in trunks which generally are exploited for other purposes.

Fishing has limited productivity during the rainy season despite the fact that the Nukak practice it frequently. During this season the arroyos and interior streams carry large volumes of water which make fishing difficult. During the dry season things change because low water levels produce high concentrations of fish. During these periods the Nukak capture great quantities of fish (see Table 2, Politis and Rodríguez, 1994) which are consumed boiled or smoked. The second process allows conservation for 2 or 3 days before the fish spoil. The principal fishing technique in summer is stunning the prey with poisons in the streams that still have running water and then killing them with arrows, harpoons, and machetes. Another technique is with conical traps and metal hooks tied to dikes made of branches. Water resources also provide small amounts of crab (Reid, interview), frogs (Cabrera et al., 1994), and turtle eggs.

Finally, another component in Nukak survival comes from crops grown in small garden plots scattered throughout the jungle. These cultivated areas are of three basic types. The first, apparently the most traditional, is quite small and usually made up of some chonta palms or "pipire" (Bactris gasipaes) and sometimes the heart-leafed Bixa orellana or plantains (Musa paradisíaca). These gardens are spaces that have been used and transformed for generations, making their importance not only economic but symbolic. The dead are buried there, transcendental events occur there, and festivals are held like the Chontaduro Festival. According to Mondragón (ms), this celebration starts at the end of January, and in February, when the chontaduro is harvested, several bands from the area where these palm are under cultivation come together for the feast. In general chonta palms are grown far from the colonization areas and have been planted by "The Old Ones," meaning at least three generations back. These palms are mentioned in Nukak creation myths, which tell that when the first Nukak came to the surface world from the "lower world," they brought chonta palm nuts in baskets. It is important to note that the mythical tale of the species coincides with botanical studies that indicate the palm was first cultivated in the northwest Amazon, where the largest and most developed varieties exist (Clement, 1989).

Other cultivated plots with more varied species can be found in areas closer to colonization. In these are such numerous domestic species as sweet yucca, sugar cane, plantains, hot peppers, potatoes, yams, papayas, etc., all recently introduced through contact with colonists. Cabrera et al. (1994) suggested that the Nukak could have had some other garden crops, such as bitter yucca, but that these have disappeared. Frequently each Nukak band controls a few plots and regularly sets up camp nearby within its migratory cycle in order to harvest some crops or to work in the gardens, irrigating, burning off, and planting.

Despite this use of cultivated products, it seems clear that Nukak economy still revolves around hunting wild animals and gathering plant resources (see Politis and Rodríguez, 1994, and Politis and Martínez, in publication). In truth, gathering of plant resources like palm nuts and tarriago leaves, as well as others, amply exceeds the quantity and variety of products taken from cultivated plots. During the rainy season, crops of palm and tarriago play a significant role as, in addition to food, they provide other products that are of supreme importance for Nukak life: leaves

to roof the encampments and to make baskets, fibers for darts, and host plants for larvae. During the dry season, economic decisions are more closely related to access to pools and streams where abundant fish can be found and to areas where honey is readily available. In January and February, the "pipireas" are also centers of harvesting.

This varied subsistence is the result of complex exploitation of natural resources by which the Nukak traverse many jungle spaces when each is most highly productive. The use of plant resources is not polarized only into wild and domesticated species, as there is a wide range of plants between the two poles that, without having been domesticated in the classic sense of the word (see Harris, 1989), are "managed" by the Nukak. This means that, without reaching phenotypic modification, these products' natural distribution is modified and concentrated in specific sectors of the jungle. Within this selection are palms of various types which grow in unusually high densities within the jungle.

It is not clear in what way the Nukak would have favored concentration of some species, modifying the high specific diversity and low concentration of plants of the same species characteristic of tropical forests. There are no cases of palms being intentionally planted or involved in classical agricultural practices. Manipulation of these and perhaps other species appears to be related more to the Nukak's migratory activities. One of these is the cutting of trees and plants during journeys between encampments or during hunting and gathering forays. In truth, frequently the Nukak cut plants and palms with no immediate motive or clear objective. This follows their method of jungle management through selective cutting, subtle and insignificant during the short term but probably important over the long term. Another activity favoring concentration of some species is transfer of camps (see Politis, 1992, Politis and Rodríguez, 1994, and Cabrera et al., 1994). When the Nukak abandon their camps, the soil is left covered by a great quantity of seeds from the fruit they had eaten during their stay. Such a high concentration of seeds is an advantage for some species in an environment as highly competitive for sunlight and nutrients as a tropical rain forest. These favored species are precisely those con-sumed by the Nukak and those which have become staples in their diet. In this way, frequent transfer of residential camps produces food derivatives that have become patches of plant resources, forest garden species to which the Nukak frequently return in their migration cycles.

The layout and building characteristics of the camps are articulated by the generation of these forest garden plots. Camps are compact and cover very small areas of from 30 to 100 square meters, depending on the number of people in the band. To set up their living quarters, the members cut down undergrowth, bushes, small trees, and sometimes medium-sized trees. Most of the latter and the tall trees, however, are left standing so that the camp is set up beneath a jungle canopy in the deep shade typical of tropical rain forests. In this way, when the camps are abandoned they are not invaded by vines and undergrowth, as otherwise

would happen. These invading species can displace palms and other plants used by the Nukak. Maintaining the jungle's protective canopy impedes growth of secondary species, and the areas that were inhabited are not invaded by plants that would impede growth of palms and trees whose fruit is exploited by the Nukak. On the other hand, the abandoned camps are not reoccupied; thus, destruction of seedlings of useful species is avoided.

The Nukak's complex system of settlement and mobility produces with the passage of time areas with high concentrations of useful trees. Some sectors in the jungle are recurrently occupied, but always preserving the spaces of past encampments untouched and, therefore, generating a growing number of jungle plots. This is a true cycle in which growing concentrations of palms and useful trees attract the Nukak with more advantages for occupation. Therefore, they set up camps more frequently in these areas and, when they leave them, the plots become wild gardens that increase the area's food potential. This sophisticated system of mobility and settlement is articulated in jungle strata, as the Nukak move within the lowest levels, building their camps but leaving the canopy intact so as not to degrade the natural stratification of the tropical forest. This differentiates them notably from the great majority of Amazon Indians, who open clearings in the jungle to build their camps and villages. Obviously, this is a concept opposed to that of the Amazon farmers, for whom the idea of occupation and possession is directly associated with clearing and burning off jungle spaces. For colonists, populating means cutting everything down.

I have left for last a synthesis of the ideas, the beliefs, and the religious world of the Nukak. Without a doubt, this is the most fascinating aspect of their lives. My understanding of these beliefs has come principally from the words of Monicaro, who, during many jungle nights, told us his people's myths and beliefs. Nevertheless, this world is so rich and complex that I only grasped a very limited part. I could perceive only a few shades of an infinitely-colored kaleidoscope. The New Tribes missionaries have collected abundant data in this regard, part of which has been presented in the reports they periodically make for the Colombian Ministry of Government. Recently Cabrera, Mahecha, and Franky have also been able to gather information on the Nukak cosmic view and present it in their dissertation (1994). The summary that follows is based on reports by the missionaries (quoted in various studies of the Nukak), on the paper mentioned above, and on Monicaro's stories.

The Nukak see the world as having three levels: the lower world, the earth where they live, and heaven or the upper world. The latter is like an inverted dish above the earth and touches it on its edges. To the east, one can reach the edge and go up to heaven. The lower world is isolated from the earth and other Nukak and also animals live there, including tapirs, deer, and jaguars that have settlements and homes. Many Nukak came from this lower world through a hole in the earth that was excavated by a female Nukak who had lived on earth for some time when she heard noises coming from below. This hole was later covered by the waters of a river or a flood, and those who could not come up to the earth remained living below while those who were already on earth saved themselves by climbing up to the Cerro of the Cerbatanas. The earth and trees have always existed as well as some animals. An ancestor called Muro ' jamjat, probably in the form of a monkey, has been the creator of many animals and trees and is the subject of a great quantity of stories and myths.

Every person has three spirits which each take different paths when one dies. The primary spirit travels to the upper world, where the spirits of the ancestors live, and lives forever in a place a little different from earth. In the center of heaven is a single tree where birds and monkeys live. The second spirit goes to "the tapir's home," where it remains and only comes out at night to eat fruit from the trees. The third stays in the jungle, living in some places or in holes in trees, and at night comes out to search for food. Because it is feared that a spirit can come into a camp at night, sometimes a fence of palm leaves and branches is erected to protect the inhabitants. Some large size trees also have spirits that later go to "the house of the tapir."

The east and west are boundaries with mythical significance. To the east, on the way to heaven, there is a camp from which the sun rises. There are beings who live in this camp, represented by the sun itself, the moon, and some larger stars. This encampment is beyond a lake with big fish and close to the hole from which the Nukak emerged from the middle of the earth. To the west is a territory (Meu) inhabited by red Nukak with

tails of fire and deadly gazes. The Nukak never journey to this territory for fear of running into these people and dying.

For the Nukak the number 3 seems to have greatest significance and to contain the essence of their cosmic view. There are three worlds, three spirits in a person, and three most sacred animals. This means that the Nukak conceptualization of the universe does not operate according to binary oppositions but is contained within a three-sided concept. Trilogies permit them to understand nature, imagine a life after death, and live in their jungle world.

In this brief introduction I have tried to summarize information gathered from field work during which I have taken this book's photographs. I have tried to present some ideas to help us understand how the Nukak utilize their territorial resources and why they maintain such frequent mobility. I have incorporated data and ideas from other researchers who have studied Nukak culture. Nonetheless, our science is still very far from understanding the infinite wealth of this culture and comprehending its world. We have a long way to go to know who they are and what they are really like.

The Nukak still preserve their ethnic identity, but they are in permanent danger. Danger of losing their land, of contracting unknown diseases, of having their resources used indiscriminately by others. Such dangers come with a machete, an electric saw, tools that cut down everything in their paths. The Ministry of Government's Division of Indian Affairs and other state institutions are making notable efforts to protect the Nukak and preserve their territory. Recent creation

of a reservation of approximately 600,000 kilometers has been a step forward though an insufficient one as it leaves a major part of Nukak territory (from 40 to 60%) without legal protection. A National Nukak Park has also been created in Guaviare Province, but the area included only superimposes a small portion of the tribe's territories. The situation is so complex and has so many interests in conflict (see Ardila, 1992, and Caycedo Turriago, 1994) that even if the forest reserve or the reservation are enlarged legally, possibilities of detaining colonization effectively are practically nil. Moreover, the national government exercises very limited control in this part of Guaviare, which is practically under the domination of the Revolutionary Forces of Colombia (FARC). Poverty and violence in other regions of the country will continue pushing farmers and the unemployed from these areas, all with the hope of finding new opportunities and a better life. For these people with dreams and little to lose, the jungles of Guaviare offer unlimited land "without an owner," waiting for whites to arrive. For them, "a few naked Indians" do not seem to be a serious obstacle.

Today the Nukak are in the most fragile period of their existence. Surrounded by "civilization" presenting its most violent face, they still survive in the depths of their territory, living according to their traditional ways. Although they don't know it, they are surrounded by colonization that respects neither their rights nor their territories nor ever will respect those who, ingenuously, still smile with joy, excited at the arrival of a stranger who comes to visit; eager to share their homes, their campfires, and their food.

INTRODUCTION FOR SECTIONS OF IMAGES OF THE NUKAK

Faces

The expressions, gazes, and gestures of the Nukak are charged with feelings and significance. They reflect displeasure or annoyance not very frequently but almost always show curiosity, joy, and an enormous tranquillity.
Body language is almost always more expressive than words, and the code of facial expressions is precise and forceful. Half-closed eyes, arched lips, or a subtle grimace say it all.
The faces in these pages are the mirrors of souls. Souls that are serene, profound, and, to us, distant and separate.

Painting and Depilation

Body and face painting are transcendental and symbolic expressions within the Nukak world. The heart-leafed bixa orellana plant produces the most popular color, and from the intense dye made from its seeds lines are drawn in complex geometric designs or painted all over the body.

Sometimes resin is added to selected red lines so that delicate white bird feathers can be applied. Depilation is also an habitual practice for all Nukak. Men, women, and children periodically remove hair from their foreheads and eyebrows, using the resinous sap of jungle trees. They transform their faces and expressions in this way, making them more identifiable as Nukak. Painting and plant dye, resins and feathers. Nukak art and symbolism loaded with intense enigmatic significance.

Domestic Life

Daily life for the Nukak is varied and full. Many activities go on within the camp. There the food is prepared, and people eat, weave, and make baskets, bracelets, blowguns, and darts. Within the encampment it is easy to see how the Nukak closely share their lives.
In the evenings and at dawn the settlement is flooded by voices when the Nukak meet around the

campfires and talk about daily events, plan excursions and trips, tell stories, or laughingly make fun of visitors.
Some of the women sing while they weave hammocks. A young man plays a flute made of deer bone while he rocks tranquilly. A man seated next to the fire eats monkey meat. Children spin a top and two girls learn to weave a bracelet. A typical afternoon scene in Nukak life.

Domestic Occupations

The Nukak make practically everything they use, although recently their traditional stone axes and bamboo knives have been replaced by metal tools. Nevertheless, there is a great variety of goods and implements made by both men and women.
The forest provides raw materials and Nukak skill transforms cane into blowguns, sugar cane plumes into thread and fibers for hammocks, plant fibers into baskets, bone into flutes, and palm trunks into mortars.
Every member of the tribe does something. The

girls weave kuden 'yi (bracelets) and the boys string their bows. The women are skillful basket-makers and hammock-weavers. The men make their blowguns and darts and with hard palm wood fashion lances whose points are cured by fire. They make wayucos with soft bark, scrape the strychnos toxifera (deadly nightshade) plant to extract arrow and dart poison, and mash evergreen roots to prepare another toxin.
Everything needed to survive is in the jungle, and the Nukak know how to find it, how to use it, and how to preserve it.

Hunting

Hunting is a typically masculine activity which plays a primary role in Nukak survival. Monkeys are the preferred prey. Every day men and boys go out hunting, carrying their blowguns and a quiver full of darts, in the surrounding territory. Generally they return with several animals that are shared by all the tribe's members. Sometimes the hunters also carry lances and go in search of herds of wild pigs or peccaries around nearby salt licks. Hunting is not just searching for food but is also an expression of Nukak masculinity, a dialogue with the animal world and the means to a mystical relationship with the jungle and its inhabitants. Above all, it is a cosmological reflection in which men and animals permanently negotiate their existence under the watchful eyes of the spirits.

A Monkey Hunt

Kei advances through the jungle, listening to the distant sounds of a monkey. He stops, sensing its presence, then looks for the animal with his eyes, finally finding it and silently creeping forward. Now one is almost on top of the other. The monkey, very high in the topmost branches of a palm. Below, Kei with his blowgun and a handful of poison darts, will perform the historic ritual of the hunt.
He walks slowly below his prey and, without taking his eyes from it, places a dart in the blowgun. His eyes fixed on the monkey as if losing sight of it would mean losing it forever, Kei slowly raises the tube to his mouth. He moves smoothly, rising to his toes, tensing every muscle in his body and concentrating all his energy upon a short, dry, powerful expulsion of air. The dart cuts the humid air and its deadly hiss mixes with the sounds of the jungle. The shot hits its mark and a few seconds later the monkey falls, dying from the poison's lethal effect.
In the camp, Chowono, one of the women, will cook the monkey, and at night everyone will share the food and will tell the story of how Kei once again defeated his prey.

Fishing

Fishing is tranquil and solitary during the colder months. Generally the men sit with a fishing pole on the banks of streams or check their traps in pools. This is a time of silence and reflection.
In the summer, fishing excursions are happy events and many join in. A stream is dammed up and the men mash poisonous roots and pour the liquid into the muddy water until the first stupefied fish float to the surface. Women and children jump into the water with poles and machetes. Laughing and talking gaily, they fill baskets with fish of every shape and size. Meanwhile, from the banks young men shoot arrows from their bows to kill the largest fish. For them, accuracy with the bow is more important than the number of fish they bring in.
At sunset everyone returns to the camp, loaded with fish, and arranges the catch on triangular wooden racks to be smoked. For the next few days there will be more than enough food and all will feast while enthusiastically telling their children old stories of how the Nukak learned to fish.

Diversions

Laughter, singing, and joking are daily expressions that articulate the Nukak world. Happiness is, without a doubt, a constant of life that repeatedly manifests itself in daily activities.
From earliest childhood the Nukak learn to laugh, when they practice with their first blowguns or when they hunt birds with bows and arrows. During adolescence they laugh while removing body hair or painting themselves and when, successful at a hunt, they singe off the hair of a recently killed wild boar. When they are grown, they have fun crossing bridges and when joking around a fire while enjoying smoked meat.
The Nukak are truly happy and animated people. They have nothing to fear because they know they have the unconditional support of the spirits who inhabit the jungle and those that life in "the lower world" and in "the upper world." Everything has been done to avoid hurting or bothering these spirits. The people have cared for the tapirs and the deer and never have dared to face the jaguar. And they have not killed any animal for the pleasure of killing nor cut down palms as an occupation. They have always respected fire and have made sure their children and the tribe's orphans have never wanted for anything. Therefore . . . what is there to fear?

Encampments

The camps are vital spaces in the Nukak world. They are for cooking and eating, resting and sleeping, dancing and singing. An important part of life takes place inside the encampment. Couples love, discuss, fight; children play and cry; women talk and cut up fruit; men tell stories about the past and prepare poison for their darts.
During the rainy season the encampment is covered with tarriago leaves with a central space left open to be used for many communal activities such as dances and ritual ceremonies. During the dry season the encampments are roofless and families hand their hammocks next to their campfires.
The camps are linked to the jungle, inserting themselves subtly under the palms and trees without damaging the forest. Connected by trails and paths, the camps are marks in the territory and footprints in the jungle, clear and precise indicators that the Nukak have been here for many generations.

Harvesting

The jungle is the great provider of food for the Nukak. Wherever they are, in the tallest tree or underground, the Nukak have learned with genius and skill to gather an infinity of resources from the tropical forest for their survival.
Each day men, women, and children go out into the camp's surroundings in search of a great variety of products. They return with their baskets full of every kind of fruit, yellow and sweet, dark and hard, green and succulent. They also bring baskets of mojojoy (larvae) they have gleaned from fallen palm trunks, although they have eaten most of them while hacking at the trunk in search of the larvae's tunnels.
Around the campfires food is never lacking and there are always many kinds of fruit. The jungle has provided them and the Nukak have been grateful. Because of this, they never damage the forest.

In Search of Honey

Honey is abundant in the summer, and the Nukak love to find hives and eat everything they find in them. It doesn't matter how high the hive is hanging or how tall the tree. The honey in the honeycombs, the royal jelly, and the bee larvae are delicacies that merit any effort required.
If the tree is quite large, platforms are built to allow cutting through the trunk at its narrowest point. The men work together, and rhythmic axes cut through the fibers of the trunk. When the tree falls, the shock is heard throughout the jungle. The Nukak run to the hive and avidly eat the honey that flows abundantly from the honeycomb. Everyone is delighted because once again the jungle has presented its delicacies as a gift.

Affection

The infinite tenderness of a mother, a nap in a hammock with brothers and sisters, the silent protection of the father. Affection in daily life and irreplaceable love. The Nukak know this well and so they express it in a thousand ways, among themselves and to whoever comes into their midst, especially because such things are too important to be ignored.

BIBLIOGRAFIA CITADA Y RECOMENDADA

Ardila, G. (1992). Los Nukak-Makú del Guaviare: Mi primer encuentro con la Gente de las Palmas (Etnografía para la Arqueología del poblamiento de América). América Negra 3:171-189. Santafé de Bogotá.

Ardila, G. and G. Politis. (1992). La situación actual de los Nukak de la Amazonía Colombiana: Problemas y Perspectivas. Revista de la Universidad Nacional de Colombia 26, 2-6.

Azcárate, L. (Ms.). Informe de comisión a Laguna Pavón (Guaviare) y Mitú (Vaupés). División de Asuntos Indígenas, Ministerio de Gobierno, Santafé de Bogotá, Colombia.

Cabrera, G; C. Franky & D. Mahecha (1994). Aportes a la Etnografía de los Nukak y su lengua- Aspectos sobre Fonología Segmental-. Trabajo de Grado para optar al título de Antropólogo. Universidad Nacional, Santafé de Bogotá.

Caycedo Turriago, J. (1993) Los Nukak:transformaciones socioculturales y articulación étnica en una situación regional. En: Encrucijadas de Colombia Amerindia. François Correa Editor, pp 141-159. , Santafé de Bogotá.

Chaves, M. & L. Wirpsa. (1988). Aparecen los Nukak. Noticias Antropológicas 89. Sociedad Antropológica Colombiana, Santafé de Bogotá.

Clement, C.R. (1989). Origin, domestication and genetic conservation of Amazonian fruit tree species. Manaus: INPA, 19 pp.

Correa, F. (1987). Makú. In (F. Correa Ed.) Encrucijadas de la Colombia Amerindia. . Introducción, pp. 123-124. ICAN. Santafé de Bogotá.

Descola, Ph. (1994). In the Society of Nature. A native ecology in Amazonia. Cambridge University Press, 372 pp. Cambridge, Gran Bretaña.

Dufour, D. (1987). Insect as food: a case study from the northwestern Amazon. American Anthropologist 89 (2):383-397.

Harris, D. y G. Hillman, (1989) Introduction, En: Foraging and farming. The evolution of plant exploitation D. Harris y G. Hillman Eds. One World Archaeology Series. Unwin and Heyman, pp 1-8. Londres.

Metraux, A. (1948). The hunting and gathering people of the Rio Negro Basin. Handbook of Southamerican Indians. vol 3: 861-867.Julian Steward Ed. Washington.

Molano, A. (1987) Selva Adentro. Una historia oral de la colonización del Guaviare. El Ancora Editores, Santafé de Bogotá.

Mondragón, H. (Ms.). <u>Estudio para el establecimiento de un programa de defensa de la comunidad indígena Nukak.</u> Informe final presentado al programa de Rehabilitación Nacional (PNR) de la Presidencia de la República de Colombia. 48 pp.

Politis, G. (1992). La Arquitectura del Nomadismo en la Amazonía Colombiana. <u>Proa</u> 412, 11-20.

Politis, G. & Rodríguez J. (1994). Algunos aspectos de la subsistencia de los Nukak de la Amazonía Colombiana. <u>Colombia Amazónica</u> 7 (1-2), 169-207.

Politis, G. & G. Martínez (en prensa). Adaptación de cazadores-recolectores de Forestas Tropicales: la subsistencia de los Nukak de la Amazonía Colombiana. En: <u>Pasado y Presente de los Cazadores-recolectores de América del Sur.</u>, Gerardo Ardila Ed. Editorial de la Universidad Nacional, Santafé de Bogotá.

Reichel-Dolmatoff, G.(1967) A brief report on urgent ethnological research in the Vaupes area. Colombia, South America. <u>Bulletin of International Committee on urgent anthropological research</u>: 9:53-62

Reid, H. (1979). <u>Some aspects of movement, growth, and change among the Hupdu Makú indians of Brazil.</u> Ph.D. Dissertation. Cambridge University. Cambridge.

Reina, L. (Ms). <u>Informe de comisión entre la comunidad indígena Nukak, Corregimiento de Calamar, Guaviare.</u> Instituto Colombiano de Antropología. Santafé de Bogotá.

Reina, L. (1990). Actividades relacionadas con los Nukak. <u>Mopa-Mopa</u> 5:17-25. Instituto Andino de Artes Populares. Pasto.

Wirpsa, L. and H. Mondragón (1988). Resettlement of Nukak Indians, Colombia.<u>Cultural Survival Quarterly</u> 12(4), 36-40

Silverwood-Cope, P. (1972). <u>A contribution to the ethnography of the Colombian Makú.</u> Cambridge University. Cambridge.

Torres, W. (ms.). Informe a la División de Asuntos Indígenas. Ministerio de Gobierno. 1991. 69 pp. Santefé de Bogotá.

Zambrano, C. Los Nukak en Calamar: encuentro posible de culturas distantes. En: <u>Diversidad es riqueza.</u>, pp 65-67. ICAN-Consejería de la Presidencia para los Derechos Humanos. Santafé de Bogotá.

Dirección editorial
Lorenzo Fonseca

Diseño y diagramación
Claudia Burgos - Jorge Caballero

Traducción
Margaret Dromgold

Compuedición
Pánel Ltda.

Películas
PrePrensa Ltda.

Selección de color e impresión
Litografía Arco

Se terminó de imprimir en los talleres de Litografía ARCO el 30 de octubre de 1995
Santafé de Bogotá, Colombia